Préface: Small is beautiful

par Didier Daeninckx

À l'article «Nourriture» de son *Dictionnaire des idées reçues,* Gustave Flaubert donne la définition suivante: «toujours saine et abondante dans les collèges». Il n'existe malheureusement pas, juste après, d'article intitulé «Nouvelles». Nul doute que l'auteur de *Madame Bovary* aurait pu placer derrière les deux petits points la précision suivante: «Il n'y a rien de plus difficile».

Quand je me suis attelé à l'écriture de ma première nouvelle, il y a un quart de siècle, c'est ce que j'avais

3f. **«Dictionnaire des idées reçues»:** Dieses *Wörterbuch der Gemeinplätze* (auch *Catalogue des opinions chic*) sollte eigentlich in Flauberts unvollendet gebliebenen Roman *Bouvard et Pécuchet* (1881 postum erschienen) eingehen. Es handelt sich in der Erzählung wie auch in diesem *appendice* um die Kritik an der Form menschlicher Dummheit, die sich in sprachlichen Klischees niederschlägt. Flaubert hatte davon über tausend gesammelt und alphabetisch geordnet. Ein häufig zitiertes Beispiel lautet: «HOMÈRE. N'a jamais existé. – Célèbre par sa façon de rire (un rire homérique).»

5 **abondant, e:** reichlich, üppig.

11 **s'atteler à qc:** sich gründlich mit etwas befassen.

11f. **ma première nouvelle:** Sie wurde unter dem Titel *Main courante* zum ersten Mal 1989 bei den Éditions de L'Instant in dem Sammelband *Non Lieux* veröffentlicht, 1994 wurde sie bei Verdier erneut abgedruckt.

en tête, que ça allait être un enfer. Bien entendu le pire est arrivé, comme tout ce que l'on organise à force de le redouter. Je me souviens avoir sué sang et eau sur ce fichu texte, incapable de tracer les portraits des personnages, de décrire leurs attitudes, de mettre leurs trajectoires en action, de faire correspondre leurs paroles au mouvement de leurs lèvres. La seule chose qui me rassurait, en fait, c'est que ce que je vivais correspondait exactement à ce que l'on m'avait dit: «La nouvelle, il n'y a rien de plus difficile». Le roman, à côté, c'était une partie de plaisir, l'action, les personnages vous emportaient, la page se noircissait comme par enchantement ... La nouvelle, et elle seule, vous permettait d'entrer dans le vif du sujet, de passer l'examen. Et si je faisais, moi aussi, l'expérience de cette angoisse, de cette marche au bord du gouffre, si la boule au creux de l'estomac matérialisait les affres de l'écrivain, c'est tout simplement que j'en serais devenu un Écrivain! Il fallait en

2f. **à force de:** durch viel(es) ..., wenn man nur lange genug ...
3f. **suer sang et eau:** Blut und Wasser schwitzen.
4 **fichu, e** (fam.): verflixt, verdammt.
tracer qc: etwas zeichnen, skizzieren.
6 **la trajectoire:** Flugbahn; hier (fig.): Werdegang.
12f. **se noircir:** sich schwärzen.
13 **comme par enchantement** (loc. adv.): wie durch einen Zauberschlag, urplötzlich (*un enchantement:* Zauber).
14f. **entrer dans le vif du sujet:** zum Kern der Sache kommen.
17 **le gouffre:** Abgrund.
la boule: hier: Kloß.
le creux de l'estomac: Magengrube.
18 **les affres** (m.): Qualen.

passer par là pour avoir droit à la majuscule: «Écrivain»! Grâce à ces souffrances, grâce à l'écriture d'une nouvelle, j'en porterais enfin les stigmates et en obtiendrais le titre. Alléluia!

Mais très sincèrement, quand je me suis mis à table pour l'écriture de la deuxième, je me suis demandé si l'exercice valait vraiment ce poids de tourment, ce trop plein d'inconfort, cette tension dans le corps qui vous fait découvrir des terminaisons nerveuses là où vous pensiez depuis toujours qu'il n'y avait que de la chair. Celle-là, *Le Point de vue de la meurtrière*, j'en avais choisi le titre en forme de clin d'œil à Jean-Patrick Manchette qui venait de publier *La Position du tireur couché* à la Série Noire. Pour raconter mon histoire de soldats de la Première guerre bloqués dans un bunker, j'ai essayé de faire tenir la complexité d'un roman dans les dix pages du récit. Un projet pareil, ça ressemble au Rubik-Cube, à la seule diffé-

1 **la majuscule:** Großbuchstabe.

3 **les stigmates** (m.; pl.): Wundmale, hier: (Brand-)Mal.

7 **le tourment** (litt.): Qual, Pein.

9 **la terminaison nerveuse:** Nervenendigung.

11 **«Le Point de vue de la meurtrière»:** Diese zweite Novelle ist zum ersten Mal in *Non Lieux* (1989), dann in *Autres lieux* bei Verdier (1993) erschienen. Beide Novellen liegen jetzt in dem Folioband *Main courante suivi de Autres lieux* (Gallimard, 2005) vor (*la meurtrière:* Schießscharte).

12 **le clin d'œil:** Blinzeln, Zwinkern; (fig.) Wink.

12f. **Jean-Patrick Manchette:** Autor von Kriminalromanen (1942–95), zugleich Kritiker, Filmautor, Übersetzer. Sein Roman *La Position du tireur couché* ist 1982 erschienen.

14 **le tireur:** Schütze.

18 **Rubik-Cube:** Rubiks Würfel, ein mechanisches Geduldsspiel benannt nach seinem Erfinder, dem Ungarn Ernö Rubik. Dieser soge-

rence qu'au Rubik-Cube la solution existe. Je m'en suis sorti, dix jours plus tard, avec un inventaire encore plus précis de mes terminaisons nerveuses, mais l'épreuve avait été salutaire: j'avais décidé, pour contredire l'adage, «jamais deux sans trois», de ne pas me lancer dans l'écriture de ma troisième nouvelle. J'ai tenu parole quelques mois, jusqu'à ce qu'un ami qui créait une revue me demande un texte et que je me laisse faire. Et là, miracle. Au lieu de m'aventurer sans eau, sans vivres, sur le désert infini de la page blanche, je suis arrivé la tête déjà emplie de bribes d'histoires ressassées pendant des heures, avec l'idée d'une chute qui aspirait tout ce que j'avais à raconter. Et quand mes doigts se sont mis en embuscade au-dessus du clavier, j'ai commencé à jubiler en pensant au piège que je tendais au lecteur. Deux cents nou-

nannte Zauberwürfel erfreute sich in den Achtzigerjahren großer Beliebtheit, insbesondere bei Kindern.

1 f. **s'en sortir de qc:** mit etwas fertigwerden, mit etwas zurande kommen.
2 **un inventaire:** Inventar, Bestandsaufnahme.
4 **salutaire:** heilsam.
5 **un adage:** Sinnspruch, Lebensweisheit.
9 **se laisser faire** (fam.): sich ‚rumkriegen' lassen.
10 **les vivres** (m., pl.): Lebensmittel, Verpflegung.
11 **emplir qc:** etwas füllen.
les bribes (f.): Brocken, Bruchstücke.
12 **ressasser qc:** etwas immer wieder an sich vorüberziehen lassen; etwas bis zum Überdruss wiederholen.
13 **la chute:** hier: Schlusspointe.
aspirer qc: etwas einatmen; etwas aufsaugen.
14 **une embuscade:** Hinterhalt.
16 **tendre un piège à qn:** jdm. eine Falle stellen.

velles plus tard, cette joyeuse excitation ne m'a pas quitté. Je ne connais rien de plus agréable à écrire que la «forme courte». Si ça ne tenait qu'à moi, je ne ferais que ça.

Essayez: vous m'en direz des nouvelles!

5 **vous m'en direz des nouvelles:** Sie werden sehen, wie gut das ist/ schmeckt.

Il faut désobéir

à Pierre Marie, inspecteur de Police,
et à ses sept collègues du
Commissariat central de Nancy qui,
en juin 1942, ont sauvé la vie à
quelque 300 juifs, en désobéissant
aux ordres du gouvernement de Vichy.

J'essayais pour la troisième fois de nouer ma cravate quand Alexandra, ma petite-fille, se planta devant moi.

– Attends pépère, j'ai appris à les faire ...

Elle s'est saisie des deux pointes de tissu, et en un éclair, mon col s'ornait d'un nœud de cérémonie.

– Tu es le plus beau des grand-pères! Mais je n'ai pas compris: qu'est-ce qu'on va faire à la mairie?

1 **désobéir:** ungehorsam sein; hier: sich widersetzen, Widerstand leisten.

7 **le gouvernement de Vichy:** Nach der Westoffensive des Deutschen Reichs wurde Frankreich 1940 geteilt: Der Norden mit der Hauptstadt Paris war von den Deutschen besetzt, im Süden wurde der Kurort Vichy zum Sitz der Exilregierung des Maréchal Pétain, der den sogenannten État français konservativ-autoritär leitete und mit den Nationalsozialisten zusammenarbeitete (Juli 1940 bis August 1944).

8 **nouer qc:** etwas knoten (*le nœud:* Knoten).

9f. **se planter devant qn** (fam.): sich vor jdm. aufpflanzen.

11 **le pépère** (enf.): *le grand-père.*

13 **orner:** schmücken, zieren.

J'ai tout doucement ébouriffé ses cheveux.

– Ta grand-mère et moi, on a rendez-vous avec un vieil ami qu'on n'a pas vu depuis soixante ans ... La dernière fois qu'on a parlé ensemble, j'avais à peu près ton âge ...

Alexandra a froncé son petit nez, tordu sa bouche.

– Soixante ans! Mais pourquoi tu ne l'as pas revu pendant si longtemps si c'était ton ami?

En chemin, j'ai enfin osé tout raconter à Alexandra.

– Il s'appelle Pierre, et nous nous sommes rencontrés d'une drôle de manière, deux ou trois ans avant la guerre. Sarah, ta grand-mère, était une petite fille aussi jolie que toi. Et à l'époque, nous étions déjà inséparables. Nous habitions le même quartier, nos parents travaillaient ensemble sur les marchés. Ils venaient d'un autre pays, et certaines personnes les regardaient méchamment. Notre passion, c'était le cinéma, mais comme ça coûtait cher, on n'y allait pas souvent. Un jour, c'est la vérité, Sarah a découvert qu'on pouvait entrer gratuitement dans la salle du Trianon Palace, à l'entracte, par une issue de secours mal surveillée.

Pendant six mois, on a fait une indigestion de westerns! Je rêvais que j'étais le shérif, avec mon étoile

1 **ébouriffer les cheveux:** die Haare zerzausen.
6 **froncer qc:** kräuseln (Nase), runzeln (Stirn).
tordre: (ver)drehen; hier: verzerren.
24 f. **une indigestion de westerns** (fig.): etwa: Wildwestfilme bis zum Abwinken (*avoir une indigestion de qc*, fig.: von einer Sache genug haben, einer Sache überdrüssig sein).

d'or, et que je délivrais Sarah, retenue prisonnière par les Indiens ou tombée entre les mains des bandits … Jusqu'au jour où monsieur Pierre nous attendait à la sortie, à côté du directeur du cinéma … Il nous a pris par l'oreille et il nous a raccompagnés à la maison. Je me souviens encore de la honte de mon père quand il a vu son fils revenir vers lui traîné par un policier.

J'avais promis de ne jamais recommencer, mais les bêtises, c'est plus fort que les serments. Avec Sarah, au printemps, on aimait bien se promener dans le quartier de la gare. Un peu pour les trains et les rêves de voyages, mais surtout à cause des jardins ouvriers qui s'étageaient sur la colline, passé les aiguillages. On sautait par-dessus les haies pour aller ramasser les premières fraises dont on se barbouillait les joues. J'ai encore sur les gencives l'acidité des tiges de rhubarbe, et sur les dents, le croquant des carottes nouvelles qu'on arrachait à la terre.

À l'automne, on se gavait de pommes! Les cheminots qui cultivaient leur parcelle après la journée de travail nous coursaient en nous traitant de voleurs, et une

12 **le jardin ouvrier:** Schrebergarten.
13 **s'étager:** stufenförmig ansteigen.
passé les aiguillages (m.): jenseits der Weichen.
15 **se barbouiller** (fam.): sich beschmieren, sich vollkleckern.
16 **les gencives** (f.): Zahnfleisch.
la tige de rhubarbe (f.): Rhabarberstängel.
17 **le croquant:** Knacken, Krachen (von *croquant, e:* knusprig, knackig).
19 **se gaver de qc:** sich mit etwas vollstopfen.
le cheminot: Eisenbahner.
21 **courser qn** (fam.): jdn. verfolgen, jdm. nachsetzen.

fois, Pierre, le policier, a été à deux doigts de nous attraper. Je connaissais heureusement une cachette, un ancien fortin militaire abandonné où nous nous sommes serrés l'un contre l'autre, Sarah et moi, jusqu'à ce que le danger soit passé.

Tout a changé la semaine qui a suivi l'anniversaire de mes dix ans. La guerre dont tout le monde parlait s'est installée dans la ville. Le drapeau bleu blanc rouge a été enlevé de la mairie et remplacé par un autre qui portait une croix gammée. Beaucoup de gens étaient partis de chez eux, par peur des combats, des bombardements, et comme la moitié de notre école était vide, elle a été transformée en caserne pour les soldats allemands.

Puis un jour, un camion français s'est arrêté devant notre maison. Pierre, le policier, en est descendu. Il a frappé à la porte et a montré un papier à mon père.

– Il faut que vous me donniez votre poste de radio …

Monsieur Pierre n'avait pas l'air très fier de lui … Mon père a débranché la radio qu'il avait mis des mois à s'acheter et la lui a remise. J'ai vu par la fenêtre qu'il prenait aussi la radio des parents de Sarah et j'ai demandé à mon père:

1 **être à deux doigts de qc** (fig.): ganz nahe an etwas dran sein.
2 **la cachette:** Versteck.
3 **le fortin** (mil.): kleines Fort.
10 **la croix gammée:** Hakenkreuz.
20 **débrancher:** ausschalten, abklemmen, den Stecker herausziehen.
20f. **mettre des mois à faire qc:** Monate dazu brauchen etwas zu tun.

– Pourquoi ont-ils confisqué notre poste?
Il m'a serré contre lui.
– On n'a pas le droit d'écouter la musique, parce qu'on est juifs …

Je n'ai pas bien compris, mais comme j'ai vu qu'il était malheureux, je n'ai pas insisté.

C'est devenu un petit peu plus clair quelques mois plus tard, en juin, quand, avec tous les gens du quartier, jeunes et vieux, nous avons été convoqués au commissariat général. Les gardiens nous ont fait mettre en rangs dans une grande salle surchauffée par le soleil. Tout au fond, il y avait une table derrière laquelle les policiers faisaient signer un cahier aux adultes après y avoir porté un violent coup de tampon. Pierre était encore là. Sarah m'a tiré par la manche.
– Viens avec moi, Bernard! On s'en va, j'ai peur.
– Attends. Je vais voir et je reviens.
En m'approchant du début de la file, j'ai vu que le policier donnait quelque chose en échange des signatures. Une étoile, presque semblable à celle du shérif dans les westerns du Trianon. Nos regards se sont croisés, et il a baissé les yeux, comme s'il avait honte de ce qu'il était en train de faire. Je suis retourné au fond, près de ma mère.

1 **confisquer qc:** etwas beschlagnahmen.
9 **convoquer qn:** jdn. einbestellen, jdn. vorladen.
10f. **faire mettre en rang(s)** (m.): in Reih und Glied antreten lassen.
14 **le tampon:** Bausch; hier: Stempel.
18 **la file (d'attente)** (f.): Warteschlange.

– À quoi ça leur sert de mettre une étoile sur notre poitrine?

Elle a haussé les épaules.

– On est comme tout le monde, alors ceux qui ne nous aiment pas montrent la tache jaune et disent: «Ils ne sont pas comme nous, la preuve» ...

Avant, sans étoile, je pouvais aller partout. Après ce jour-là, une grande partie de la ville m'était interdite. Sarah et moi, on la cachait pour nous faufiler dans la salle du cinéma ou pour entrer dans la bibliothèque.

Un soir, alors que je revenais d'une escapade sans mon étoile, j'ai vu l'ombre d'un policier grandir sous la lumière du réverbère. J'ai eu peur qu'il me dénonce, et je suis allé me réfugier dans ma chambre mais j'ai entendu tout ce qu'il disait à mon père. C'était monsieur Pierre. Je n'oublierai jamais ses mots.

– Ne restez pas là! Ni cette nuit ni demain. C'est un ordre ... Partez dans la forêt! Filez et vite! J'ai encore beaucoup de portes auxquelles frapper.

On a pris quelques affaires, en silence, puis on est partis vers la colline. Sarah est venue avec nous mais ses parents n'ont pas voulu quitter leur maison. La

9 **se faufiler:** sich durchschlängeln, sich einschmuggeln.
12 **une escapade:** hier: leichtsinniges Ausgehen.
14 **le réverbère:** Straßenlaterne.
14 f. **dénoncer qn:** jdn. anzeigen, jdn. denunzieren.
20 **filer** (fam.): abhauen.

lune éclairait les étroits chemins des jardins ouvriers et c'est nous, les enfants, qui conduisions les adultes vers le secret de notre cachette. Le sol était en terre battue mais j'étais heureux: pour la première fois de ma vie, j'étais allongé près de Sarah. Je me souviens encore de la chaleur de son bras contre le mien et du moment où la fatigue s'est endormie sur mes paupières. Au petit matin, les hurlements des chiens et les cris des enfants nous ont réveillés. Je me suis levé en sursaut. Mon père regardait la gare, en contrebas, par la meurtrière du fortin. Je me suis hissé sur la pointe des pieds.

Des soldats nazis hérissés d'armes entouraient un train de marchandises, et des policiers français obligeaient des vieillards, des femmes, des enfants, à monter dans les wagons à bestiaux. J'ai cru apercevoir la mère de Sarah. Mon père m'a pris dans ses bras.

– Normalement, nous devrions être là-bas … Pierre nous a sauvé la vie.

J'ai demandé:

– Pourquoi a-t-il fait ça?

3 f. **le sol de terre battue:** gestampfter Boden.
8 **les hurlements** (m.): Schreien, Gebrüll; hier: Geheul.
9 f. **se lever en sursaut:** hochschrecken (*le sursaut:* Zusammenzucken, Aufschrecken).
10 **en contrebas** (loc. prép.): unterhalb, weiter unten.
11 **la meurtrière:** Schießscharte.
se hisser: sich hochziehen, sich hochrecken.
13 **hérissé, e d'armes:** bis an die Zähne bewaffnet (*hérissé, e de:* bedeckt mit, gespickt mit).
16 **le wagon à bestiaux** (m.): Viehwaggon.

Mon père a remué la tête, les yeux grands ouverts.

– Je ne sais pas …

Nous sommes restés là trois jours entiers, presque sans bouger. Nous allions cueillir quelques fruits, arracher des légumes dans les jardins, tirer de l'eau au puits. Alors que je revenais d'une de mes missions, les bras chargés de provisions, je me suis trouvé nez à nez avec Pierre. Encore lui! Il passait en vélo sur le chemin. J'ai failli tout faire tomber.

– N'aies pas peur … Tu sais bien que je suis avec vous …

Il a mis pied à terre et a sorti une enveloppe de sa poche.

– Tiens, ce sont des papiers pour toi et tes parents. Ceux-là sont ceux pour la gamine. Avec ça, vous avez peut-être une chance de vous en sortir …

Il m'a embrassé, là, tu vois?

J'ai pointé mon doigt sur ma joue et je me suis baissé vers ma petite-fille.

– Juste où je te demande toujours de me faire un bisou. C'est un endroit porte-bonheur …

En riant, Alexandra y a appuyé ses lèvres.

4 **cueillir:** pflücken.
6 **le puits:** Brunnen.
7 **chargé, e de:** beladen mit.
les provisions (f.): Vorräte, Einkäufe; hier: Proviant.
9 **faillir faire qc:** etwas beinahe tun.
12 **mettre pied à terre:** absteigen.
16 **s'en sortir:** damit zu Rande kommen; hier: entkommen.
21 **le bisou** (fam.): Küsschen auf die Wange.

Nous avons grimpé les marches du grand escalier de la mairie. Tout le monde était déjà arrivé dans le salon d'honneur: les anciens déportés et résistants, le préfet, le député, le rabbin, le curé, le pasteur. Il y avait beaucoup de personnes sans âge, comme Sarah et moi, mais soixante ans après, nous l'avons reconnu au premier regard. Lui aussi a su immédiatement qui nous étions. Nous nous sommes serrés la main avant de tomber dans les bras l'un de l'autre, submergés par l'émotion.

Dès que j'ai retrouvé assez de calme pour articuler quelques mots, je me suis penché à l'oreille de Pierre:

– Quand nous étions cachés dans le fortin, j'ai demandé à mon père: «Mais pourquoi a-t-il fait ça pour nous?»

Il n'a pas su me répondre …

Sarah, qui n'a jamais aimé reparler de cette histoire, a même insisté, la gorge nouée.

– Parce que franchement, Pierre, vous avez pris de terribles risques! Vos collègues au commissariat arrêtaient les juifs et les remettaient sans honte aux Nazis …

– Oui. Les consignes étaient très claires, vous savez. Mais moi, je pensais autrement. Qu'il faut parfois désobéir pour rester un homme.

3 **le déporté / la déportée:** Verschleppte(r).
4 **le rabbin:** Rabbiner.
9 **submergé, e:** überflutet; hier (fig.): überwältigt.
10 **articuler qc:** etwas (deutlich) aussprechen, etwas hervorbringen.
11 **se pencher:** sich (nieder)beugen.
17 **noué, e:** hier (fig.): zugeschnürt.
22 **la consigne:** Anweisung, Vorschrift.

Alexandra a pris ma main et celle de Sarah.

– Vous n'avez toujours pas dit à mes grands-parents pourquoi vous avez fait ça pour eux, monsieur Pierre?

L'ancien policier a remué la tête à son tour, les yeux grands ouverts:

– C'est pourtant simple, petite … Mon métier, c'était d'arrêter les voleurs de pommes, pas d'éteindre les étoiles.

Suivez la flèche

à Cheryl Lecouvreur

Février est un mois gris éléphant, un mois gris poulpe. Comme novembre, mais en pire. En novembre on sait qu'on en a pris pour quatre mois de col relevé, de chaussettes en laine et de slip molletonné: on ne se fait pas d'illusions, on se dit qu'on va s'habituer à subir les mines catastrophées autour du gigot décrépi de service. En février on recommence à espérer, on guette le bourgeon, la turgescence végétale, la remontée de la jupette,

3 **le poulpe:** Krake; hier zugleich Anspielung auf den Ich-Erzähler, den Privatdetektiv Gabriel Lecouvreur, genannt »Le Poulpe« (vgl. Nachwort S. 201).

5 **en avoir pris pour quatre mois** (fam.): zu vier Monaten (Gefängnis) verknackt worden sein.
le col relevé: mit hochgeschlagenem Kragen.

6 **molletoné, e:** mit Molton gefüttert.

8 **catastrophé, e** (fam.): niedergeschmettert, am Boden zerstört.
le gigot (de mouton): (Hammel-)Keule.
décrépi, e: abgeblättert, unansehnlich.
de service: Dienst tuend, üblich. (Laut Auskunft des Autors sei hier an Sonntagsessen im tristen Familienkreis zu denken, wo beispielsweise häufig »gigot haricots verts« [Keule mit grünen Bohnen] serviert werde.)

9 **guetter qc:** auf etwas lauern, ungeduldig auf etwas warten.

9f. **le bourgeon:** Knospe.

10 **la turgescence:** Schwellung; hier: Sprießen.
la remontée de la jupette: Kürzerwerden des Röckchens.

l'effacement du collant, et on est déçu, jour après jour, même si les calculateurs de calendriers ont eu la bonne idée de rationner le mois et de ne lui refourguer, trois fois sur quatre, que vingt-huit jours … Vingt-huit jours de trop!

Gabriel en était là de ses pensées alors qu'il remontait une avenue Ledru-Rollin battue par le vent sur le score d'au moins dix à zéro. Les bourrasques gorgées de grêle et de neige fondue courbaient sa longue carcasse, lui fouettaient le visage, avec cette sensation de brûlure sur les oreilles, et l'enseigne du *Pied de porc à la Sainte-Scolasse* lui apparut aussi miraculeuse qu'un refuge de haute montagne pour un naufragé des neiges. Il se secoua et vint se recroqueviller sur la moleskine, près du plus gros des radiateurs. Gérard avait déjà posé le double espresso,

3 **rationner qc:** etwas rationieren, (fig.) etwas knapp halten.
3f. **refourguer qc à qn** (fam.): jdm. etwas andrehen, jdm. etwas unterjubeln.
8 **le score:** Spielstand, Spielergebnis.
la bourrasque: Windstoß, Bö.
9 **gorgé, e:** übersättigt, durchtränkt.
10 **la carcasse:** Rumpf, Gerippe; hier (fam.): Gestell.
fouetter qc: etwas (aus)peitschen, gegen etwas peitschen.
11 **une enseigne:** (Aushänge-)Schild.
12 **le Pied de porc:** Bezeichnung eines Gasthauses.
Sainte-Scolasse(-sur-Sarthe): Ort in der Normandie (Département Orne).
13 **miraculeux, -euse:** wunderbar.
le refuge: Zufluchtsort.
14 **le naufragé / la naufragée:** Schiffsbrüchige(r).
14f. **se recroqueviller:** zusammenschrumpfen, sich zusammenkrümmen.
15 **la moleskine:** Moleskin, Englischleder.

les deux croissants rituels sur le plateau et les lui apportait avec *Le Parisien* en prime, suivi à la trace par Léon, le clebs miro, qui espérait bien taxer le Poulpe d'un demi-sucre. Gabriel posa ses mains sur les parois du bol, le nez dans les vapeurs de l'arabica, puis il dépiauta une des viennoiseries tout en jetant un œil discret aux nouvelles parisiennes et libérées. Le bordel quotidien vidait les stylos des journalistes: ça s'effusait du nord au sud et de l'est à l'ouest entre frères, entre cousins, quelquefois même entre ennemis. Quinze lignes discrètes, dans la litanie des faits divers de dernière zone, attirèrent son attention:

2 **«Le Parisien»:** Tageszeitung für Paris und die Île-de-France. Von Daeninckx häufig zitiert als Quelle für eine parallele Berichterstattung gegenüber offiziellen Lesarten.
en prime: als Zugabe.
3 **le clebs** (fam.): Köter.
miro (inv.; fam.): kurzsichtig.
3f. **taxer qn de qc:** jdn. mit einer Steuer für etwas belegen.
5 **la paroi:** Wand(ung).
la vapeur: Dampf.
5f. **un arabica:** Arabica, in Frankreich verbreitetste Kaffeesorte neben »Robusta«.
6 **dépiauter qc:** die Hülle von etwas abreißen.
la viennoiserie: Feingebäck, ‚Teilchen'.
7f. **libéré, e:** hier: freigegeben, freigesetzt (möglicherweise Anspielung auf den ursprünglichen Namen der 1944 begründeten Zeitung *Le Parisien libéré*).
8 **le bordel:** hier (fig.): heilloses Durcheinander, Chaos.
9 **s'effuser:** sich ergießen.
11 **la litanie:** Litanei, (fig.) lange Reihe.

SUICIDES AUX FLÉCHETTES

Les employés de recouvrement des dettes de l'Office public des logements parisiens ont retrouvé le corps d'une femme, totalement momifié, dans un appartement de la rue Hippolyte-Maindron (XIVe arrondissement). La mort remonterait à huit mois, et la tempe gauche du cadavre, assis sur un fauteuil, était transpercée de deux fléchettes. Mme Rigal, 37 ans, habitait à cette adresse depuis une dizaine d'années et connaissait de très grandes difficultés matérielles selon les services sociaux qui s'étaient vus dans l'obligation de lui retirer ses enfants en février de l'année dernière. Les enquêteurs ont retenu la thèse du suicide.

Gérard, qui lisait par-dessus son épaule, réprima une grimace de dégoût.

– Il faut vraiment être encore plus loin que le bout du rouleau pour se flinguer en se plantant une fléchette dans la tempe!

1 **la fléchette:** Wurfpfeil beim Dartspiel.
2f. **le recouvrement de dettes:** Schuldeneintreibung.
5 **momifié, e:** mumifiziert.
8 **la tempe:** Schläfe.
9f. **transpercer:** durchbohren.
16f. **un enquêteur / une enquêtrice:** Untersuchungsbeamte(r).
18 **réprimer:** unterdrücken, zügeln.
20f. **être au bout du rouleau** (fig.): am Ende sein.
21 **se flinguer** (fam.): sich abknallen.

– Pas une, deux! Relis l'article … Si le baveux ne s'est pas trompé, j'ai bien l'impression qu'il y a un os …

La ville tibérienne avait lancé de l'Habitation à Bon Marché sur la ruelle Maindron, célèbre pour avoir abrité, jadis, l'atelier d'Alberto Giacometti. Le Poulpe s'approcha d'un déclassé qui gagnait quelques sous en nettoyant au jet les poubelles de la petite cité. L'homme qui se faisait appeler Arago le guida jusque sous les fenêtres de la suicidée. Les carreaux graisseux et poussiéreux avaient été la cible de tirs de cailloux, et plusieurs d'entre eux étaient étoilés ou brisés. Gabriel s'assit sur le tourniquet de l'enclos réservé aux enfants

1 **le baveux:** hier (fam.): Schreiber, Tintenkleckser (*baveux, -euse:* voll Speichel, sabbernd).

2f. **il y a un os** (fig.): da ist etwas faul, die Sache hat einen Haken.

4 **la ville tibérienne:** Paris; die Geschichte spielt zu der Zeit, als der höchst umstrittene Jean Tiberi Bürgermeister von Paris war (1995–2001).

4f. **une Habitation à Bon Marché:** Billigwohnung; Anspielung auf *une habitation à loyer moderé* (*H. L. M.*): Sozialwohnung.

6 **abriter:** Schutz bieten; hier: beherbergen.
Alberto Giacometti: berühmter Schweizer Bildhauer und Maler (1901–66).

7 **le déclassé / la déclassée:** Deklassierte(r), sozial abgestiegener Mensch.

8 **nettoyer au jet:** mit dem Schlauch reinigen (*le jet:* hier: Strahl).

10 **le carreau:** (Fenster-)Scheibe.
graisseux, -euse: schmierig, voller Fettflecken.

11 **la cible:** Ziel.
le tir: Schießen, Schuss.
le caillou (pl. *les cailloux*): Kieselstein.

12 **étoilé, e:** hier: sternförmig gesprungen.

13 **le tourniquet:** Drehkreuz.
un enclos: eingefriedetes Grundstück, Stück Land.

et s'aperçut qu'il était assez facile d'accéder au balcon du premier étage en se hissant sur un poste-relais E.D.F. Un peu avant midi, à la sortie des classes il observa un groupe de mômes qui s'amusaient à escalader un muret en meulière, ultime vestige du Montparnasse d'avant. Il repéra le plus déluré des écoliers, un petit râblé de dix ans à la gueule d'ange. Il attendit qu'il soit seul pour l'aborder alors qu'il s'apprêtait à entrer dans le hall d'un des immeubles.

– Salut. Tu la connaissais, Mme Rigal, la femme qui s'est suicidée?

Il haussa les épaules en laissant fuser un «non» presque inaudible et tenta de se lancer dans l'escalier. Le Poulpe le rattrapa par la manche.

2 **se hisser:** sich hochziehen.
le poste-relais: Relaisstation, Stromverteiler.
3 **E.D.F.:** Abk. von *Électricité de France*, größter Stromlieferant Frankreichs.
4 **le/la môme** (fam.): Kind, Göre, Balg.
4f. **escalader:** hinübersteigen, klettern über (dazu: *une escalade:* Übersteigen, Klettern).
5 **le muret:** Mäuerchen.
la meulière: kieseliger Kalkstein.
ultime: äußerste(r, s), allerletzte(r, s).
le vestige: meist: *les vestiges:* Spuren, Reste, Relikte.
5f. **Montparnasse:** Pariser Stadtviertel im 14. Stadtbezirk; steht auch für den gleichnamigen Friedhof.
6 **d'avant** (loc. adj.): früher, einstig.
repérer qn: jdn. ausmachen, jdn. ausfindig machen.
déluré, e: gewitzt, pfiffig, keck.
7 **râblé, e:** stämmig, untersetzt, vierschrötig.
8f. **s'apprêter à faire qc:** sich anschicken etwas zu tun.
12 **fuser** (fig.): aufsteigen, ertönen.
13 **inaudible:** unhörbar.

– Je t'ai posé une question … Tu la connaissais, oui ou non?

– Vous êtes flic?

– Non … Je ne suis rien du tout … Je lis le journal, et quand il y a des choses qui me paraissent bizarres, je viens jeter un coup d'œil … Je t'ai regardé, tout à l'heure, tu te débrouilles bien à l'escalade … Tu as déjà fait de la varappe?

– Oui, à Fontainebleau.

Le Poulpe ébouriffa les cheveux du gamin.

– Pas que là … Je suis certain que tu es monté chez la mère Rigal, par le relais électrique, non?

Le gosse planta son regard dans celui de Gabriel.

– Comment vous le savez?

– Tu as vu la longueur de mes bras, de mes jambes: à ton âge j'étais champion à ce jeu-là … Alors, qu'est-ce que tu as vu quand tu es rentré chez elle?

– Vous ne direz rien à personne?

– Je te le jure: c'est juste pour comprendre.

– On était trois, il y a de ça deux mois … On a fait comme vous avez dit et on est entrés chez Mme Rigal. Tout était vide, il y avait des jouets et on s'est amusés avec jusqu'à ce qu'on remarque qu'il y avait un mannequin assis sur un fauteuil … Un mannequin, monsieur, on ne pouvait pas savoir … On a pris des fléchettes qui traînaient avec les jouets et on a com-

3 **le flic** (fam.): Polizist.
8 **faire de la varappe:** klettern.
10 **ébouriffer les cheveux:** die Haare zerzausen.
le gamin / la gamine: kleiner Junge / kleines Mädchen.
13 **le/la gosse** (fam.): Kind, Göre, Balg.
24 **le mannequin:** Mannequin; hier: Schneiderpuppe.

mencé à faire un concours en tirant sur le mannequin ... Gérard en a placé une dans la tempe, et c'est quand j'ai réussi à planter la mienne qu'il y a eu du bruit, dans l'escalier ... On est partis par où on était venus ... On ne savait pas que c'était Mme Rigal, sinon on ne l'aurait pas fait ...

En repartant vers l'arrondissement voisin, le Poulpe mit un terme aux pensées déprimantes qui lui plombaient le crâne depuis le début de matinée: «Ce putain de mois de février n'aurait jamais dû exister!»

8 **mettre un terme à qc:** etwas beenden.
9 **plomber qc:** etwas plombieren; hier (fig.): bleiern auf etwas lasten.
9f. **ce/cette putain de** (pop.): diese(r, s) Scheiß..., diese(r, s) verdammte ...

Les cinq «C» de l'Alsacienne ...

Invité à ses noces par un lointain cousin, je l'avais remarquée ce soir-là au banquet du Bracken, un restaurant des bords de l'Aar planté sur une place en triangle, aux confins de Schiltigheim. Elle portait le costume traditionnel: ample jupe rouge et tablier brodé, chemisier blanc et caraco doré. Une frange de cheveux blonds illuminait la coiffe noire dressée au-dessus de son front. Elle se faufilait entre les tables, servait les chopes et les tartes flambées, souriait aux mariés. À intervalles réguliers, l'orchestre jouait le *Hans im Schnockeloch* que les convives reprenaient en chœur. Les enfants s'amusaient en bande, dans les

1 **un Alsacien / une Alsacienne:** Elsässer(in).
4 **l'Aar(e)** (f.): linker Nebenfluss des Rheins.
5 **aux confins de** (loc. prép.): am Rande von, an der Grenze zu.
Schiltigheim: kleiner Ort im Norden von Strasbourg (Département Bas-Rhin).
6 **ample:** weit.
7 **le caraco:** weite Bluse.
7f. **la frange (de cheveux):** Ponyfrisur.
8 **la coiffe:** (Trachten-)Haube.
9 **se faufiler:** sich durchschlängeln.
10 **la chope:** Bierkrug (von elsässisch: *schoppe*).
la tarte flambée: Flammkuchen (elsässisch: *Flammkueche*).
11f. **(Dr) Hàns im Schnockeloch (/ Hett àlles wàs er will):** Elsässisches Volks- bzw. Kinderlied.
12 **le/la convive:** Gast.

jambes des danseurs. Quand la musique s'apaisait, mon voisin, un contremaître de la brasserie d'Adelshoffen, m'expliquait comment il avait dissuadé «ses» ouvriers de faire sauter les citernes de leur usine menacée de fermeture, mais je demeurais silencieux, incapable de suivre autre chose que les mouvements de la jeune femme. Il est revenu une dernière fois à la charge, puis a fini par deviner la trajectoire de mon regard.

– C'est vrai qu'elle est jolie ... Elle doit être nouvelle: depuis que le tramway s'arrête en face, c'est bondé soir et midi, et le père Lorn a été obligé d'embaucher ... On se sent bien, on se sent mieux, quand les gens respectent les coutumes ... Moi aussi, je suis un adepte des cinq «C» ...

J'ai reposé le verre d'edelzwicker dans lequel je venais de tremper mes lèvres, et j'ai incliné la tête vers mon interlocuteur.

1 **s'apaiser:** zur Ruhe kommen, nachlassen, abklingen.
3 **dissuader qn de faire qc:** jdn. davon abbringen etwas zu tun.
4 **faire sauter:** hier: (in die Luft) sprengen.
la citerne: Zisterne, Großbehälter, Reservoir.
7 f. **revenir à la charge** (fig.): es noch einmal versuchen, nicht lockerlassen (*la charge:* hier: Angriff).
8 **la trajectoire:** Flugbahn, hier: Richtung.
12 **bondé, e:** überfüllt, gerammelt voll.
12 f. **embaucher qn:** jdn. einstellen.
14 **la coutume:** Brauch, Sitte.
15 **un/une adepte:** Anhänger(in).
17 **tremper ses lèvres dans le vin:** am Wein nippen (*tremper:* eintauchen).
incliner qc: etwas neigen.
18 **un interlocuteur / une interlocutrice:** Gesprächspartner(in).

– Les cinq «C»? C'est quoi?

Un petit sourire qui en disait long a étiré ses commissures.

– Vous n'êtes pas d'ici, à ce que je vois …

Il s'est mis à compter sur ses doigts, comme un maître d'école.

– Chacun les place dans l'ordre qui lui convient: Cathédrale, Colombage, Coiffe, Cigogne et Choucroute …

Tout en observant les allées et venues de la serveuse, je ne pensais qu'à sa cambrure, je l'ai mollement écouté protester contre la francisation outrancière des voies strasbourgeoises.

– Certains me reprochent d'être tourné vers le passé, alors que je recherche simplement l'authenticité. Rue des Veaux, rue de l'Ail, rue du Vieux Seigle … Les touristes sont contents, ils trouvent que cela fait couleur locale … Avant, elles s'appelaient rue Kalb, rue Knobloch, rue Virnekorn et, je vous l'accorde, ça veut bien dire veaux, ail et vieux seigle, sauf que c'étaient les noms d'illustres lignées alsaciennes dont on a ainsi détruit le prestige et jusqu'au souvenir!

2 **en dire long:** vielsagend sein.
étirer qc: etwas strecken, etwas (auseinander)ziehen.
2f. **les commissures** (f.) **(des lèvres):** Mundwinkel.
7 **convenir à qn:** jdm. passen, jdm. genehm sein.
8 **le colombage:** Fachwerk.
10 **les allées et venues:** Hin- und Herlaufen.
11 **la cambrure:** Krümmung; hier: Rundungen.
12 **la francisation:** Französierung.
12f. **outrancier, -ière:** überspitzt, übertrieben.
21 **la lignée:** Familiengeschlecht, Dynastie.

Je l'ai déçu d'un «Ça suffit», quand il s'est fait plus précis. Depuis des années je refuse toute contrainte, même celle d'être bon avec les autres. Une main s'est tendue, pour une sarabande et je me suis laissé emporter.

J'ai pu m'approcher d'elle dans le jardin enclavé, alors que la nuit s'effilochait sur les pointes des clochers. Elle avait délaissé sa coiffe et délacé son corsage, gainé ses jambes d'un pantalon de cuir moulant, le galbe de ses seins animait le nom d'une université américaine sérigraphié sur son tee-shirt. Le premier tram nous a conduits de l'autre côté de la ville, jusqu'aux barres grises de l'Elsau. Nous avons traversé les cités, longé les murs épais de la maison d'arrêt, et encore marché pour atteindre la limite incertaine des faubourgs et des champs. Les fenêtres de l'appartement, qu'elle partageait avec une amie endormie, do-

4 **la sarabande:** Sarabande; hier: Rundtanz.
6 **enclaver:** einschließen, umschließen.
7 **s'effilocher:** ausfransen, fransig werden.
7f. **le clocher:** Glockenturm.
8 **délaisser:** im Stich lassen; hier: ablegen.
délacer: aufschnüren.
8f. **le corsage:** Bluse, Oberteil.
9 **gainer:** umhüllen (hier: fig.).
moulant, e: eng anliegend, hauteng.
10 **le galbe:** wohlgerundete Form.
11 **sérigraphier:** serigraphieren, im Siebdruckverfahren aufdrucken.
13 **l'Elsau** (m.): Vorstadt von Strasbourg, wo sich eine Haftanstalt befindet.
14 **longer qc:** an etwas entlanggehen.
la maison d'arrêt (m.): Haftanstalt.
16 **le faubourg:** Vorstadt.

minaient les berges de l'Ill où s'ébrouait un oiseau sauvage. Elle m'a dit qu'elle s'appelait presque Élisa et j'ai voulu, tout de suite, goûter à l'accent qu'elle avait sur la langue. Le jour lui faisait peur, et c'est dans l'obscurité des volets fermés, des rideaux calfeutrés, que nous nous sommes perdus l'un en l'autre. Un long cri m'a réveillé en milieu de matinée. Élisa s'était dressée sur le lit, les doigts crispés dans la toile du drap. Elle fixait la porte en hurlant. Je me suis précipité pour l'ouvrir, et je suis tombé nez à nez sur l'autre fille qui m'a à peine regardé. Elle est allée s'asseoir près des oreillers, l'a prise dans ses bras, l'a bercée comme une enfant en lui parlant tout bas tandis que je m'habillais. Quand les fantômes ont fini par s'éloigner, elle a doucement relâché son étreinte. D'un clignement des paupières, elle m'a dit de venir prendre sa place, puis elle a quitté la chambre comme s'il ne s'était rien passé. Par phrases ébréchées et mots étouffés, Élisa m'a raconté des bribes de son histoire, puis je l'ai accompagnée jusqu'au Bracken

1 **la berge:** (Ufer-)Böschung.
l'Ill (m.): linker Nebenfluss des Rheins.
s'ébrouer: sich schütteln.
3 **goûter à qc:** etwas auskosten.
5f. **calfeutré, e:** abgedichtet; hier: zugezogen.
8 **crispé, e:** verkrampft.
9 **hurler:** brüllen, schreien.
9f. **se précipiter:** sich (an einen Ort) stürzen.
13 **bercer qn:** wiegen, schaukeln.
15 **une étreinte:** Umarmung; Umklammerung.
18 **ébréché, e:** angeschlagen, abgebrochen; hier (fig.): abgehackt.
19 **les bribes** (f.; fig.): Brocken, Bruchstücke.

où elle reprenait son service. De mon côté, je rentrais à Paris par le train du milieu d'après-midi. Nous nous étions promis, entre deux baisers, de nous revoir dès la semaine suivante, mais quand j'ai frappé à la porte de l'appartement des berges de l'Ill, mon appel a résonné dans le vide. J'ai sauté dans un taxi qui m'a déposé devant le restaurant. Le maître d'hôtel a levé les yeux de son carnet des réservations pour répondre à ma question.

– Énisa? Elle ne fait plus partie du personnel … Elle est passée avant-hier pour prendre son compte. D'après ce que j'ai pu comprendre à son charabia, elle repartait dans son pays.

Je me suis installé à la terrasse et j'ai commandé une Schutzenberger. Le contremaître de la brasserie d'Adelshoffen avalait une assiettée de rosbif pommes sautées à deux tables de là. Il m'a fait signe d'approcher.

– Alors, vous êtes revenu voir la petite Alsacienne?

Je me suis contenté de hocher la tête, d'un air entendu, entre hommes, et j'ai bu ma bière en silence

5f. **résonner:** (wider)hallen.
11 **prendre son compte:** abrechnen, sich den Lohn auszahlen lassen.
12 **le charabia** (fam.): Kauderwelsch.
15 **Schutzenberger:** Name einer bekannten Elsässer Bierbrauerei.
16 **le rosbif:** Roastbeef.
16f. **les pommes sautées:** Bratkartoffeln.
21 **hocher la tête:** hier: zustimmend nicken.
21f. **d'un air entendu:** mit stillschweigendem Einverständnis.

avec, à l'esprit, les cinq «C» de Srebrenica, la ville de Bosnie où s'était noué le destin d'Énisa.

Chiennerie, Camp, Charnier, Chagrin, Cri …

Sauerei
Lager
Massengrab
Kummer
Verbrechen

le crime

1 **Srebrenica:** Stadt in Bosnien und Herzegowina. Der Name steht emblematisch für die Gräueltaten des Bürgerkrieges im Balkan; 1995 wurden dort mehr als 7000 bosnische Muslime ermordet. Die Prozesse gegen die Schuldigen beim UN-Kriegsverbrechertribunal und dem Internationalen Strafgerichtshof in Den Haag sind noch nicht alle abgeschlossen.

2 **se nouer** (fig.): sich anbahnen; gesponnen werden.

3 **la chiennerie:** Schweinerei.
le charnier: Leichengrube, Massengrab.

Le dernier guérillero

Au tout début des années soixante-dix je bossais chez un ancien champion de formule 1 devenu obèse qui s'était reconverti dans le commerce en gros de la pièce détachée d'automobile. J'imprimais ses catalogues, en horaires décalés, et le soir quelques copains passaient me prendre pour une virée qui nous lavait les neurones. Ensuite j'échouais au Foyer des jeunes travailleurs où j'avais trouvé une piaule. À l'époque, le bâtiment possédait son mur des bonnes mœurs, un obstacle interne et invisible: après le hall commun les filles empruntaient l'escalier de droite, les garçons l'escalier de gauche. Le règlement interdisait l'interconnexion et Paco, le gardien de nuit, essayait tant

1 **le guérillero:** Guerillakämpfer.
2 **bosser** (fam.): schuften, rackern.
3 **obèse:** fett-, dickleibig.
4 **se reconvertir:** den Beruf wechseln, sich umschulen lassen.
5 **la pièce détachée:** Ersatzteil.
6 **un horaire:** hier: Arbeitszeit.
décalé, e: (zeitlich) versetzt.
7 **la virée** (fam.): Spritztour.
8 **le neurone:** Neuron, Nervenzelle.
échouer: auf Grund laufen, stranden (bei Personen auch: scheitern).
9 **la piaule** (fam.): Bude.
13f. **une interconnexion:** Verbund; hier: Verbindungen.
14f. **tant bien que mal:** so gut es (eben) geht.

bien que mal de surveiller l'aiguillage. C'était un vieil Espagnol à moitié aveugle avec lequel il m'arrivait de discuter sur des sujets de bout de nuit dont je ne me souviens plus. Il connaissait ma mère et ma tante, Nicole, qui à intervalles irréguliers franchissaient les Pyrénées en fausses touristes, planquant dans leurs valises des directives du parti communiste espagnol clandestin destinées à ceux qui subissaient toujours la férule franquiste. Les années ont passé, et puis un jour, au hasard des bars, j'ai revu Paco. Il buvait un jus de fruit en compagnie de sa femme Nina dans un TGV qui filait à trois cents à l'heure entre Paris et Valence. Nous avons évoqué nos souvenirs nocturnes, puis, alors que nous quittions la gare du Creusot-Montchanin, il m'a dit qu'en fait il s'appelait Francisco. Que certaines nuits, des clandestins politiques convergeaient vers le Foyer de jeunes travailleurs, et que lui, le vieux type aux verres de myope dont on se foutait à longueur d'années, assurait alors la protection armée de la réunion. En passant devant Mâcon il

1 **un aiguillage:** Weiche; Weichenstellung.
5 **franchir:** überschreiten, gehen über.
6 **planquer** (fam.): verstecken.
7 **les directives** (f.): Richtlinien, Anweisungen.
9 **la férule:** Zuchtrute.
franquiste: Adjektiv zu Francisco Franco Bahamonde (1892–1975), spanischer Diktator. Seine faschistische Partei ist u. a. mit dem spanischen Bürgerkrieg (1936–39) verbunden, dem düsteren Hintergrund dieser Novelle.
12 **filer:** hier: fahren.
17 **converger:** zusammenlaufen, -strömen.
18f. **se foutre de qc** (pop.): auf etwas pfeifen.

m'a confié que début quarante-huit, dix ans après la fin de la guerre d'Espagne, il faisait encore le coup de feu contre les soldats de Franco! J'ai repris une bière. Il me restait la moitié du voyage pour écouter le roman de sa vie.

Francisco «Paco» Asensi est né en 1910 à Valencia. Sa mère tisse les fils d'or, d'argent, de soie et confectionne les habits des évêques de la ville. Son père, tailleur de pierre et militant anarchiste pourchassé par la police, court les provinces à la recherche d'un patron dont la liste rouge et noire ne serait pas à jour ... Il s'exile en France, au début de la guerre de 1914. Trois ans plus tard il est embauché comme sapeur par l'armée américaine et consolide les tranchées, sur le front. À la fin de 1924, le père trouve une place à Paris, et sa famille le rejoint au Landy, à Aubervilliers, quartier-refuge de toutes les immigrations. On se serre dans une petite piaule de la rue Émile-Augier, à côté du café *Chez Marius*. La tisseuse d'or doit

7 **tisser:** weben.
7f. **confectionner:** anfertigen.
9 **pourchasser qn:** jdn. verfolgen, auf jdn. Jagd machen.
11 **la liste rouge et noire:** schwarze Liste, Liste mit verdächtigen / gesuchten Personen, hier kombiniert mit Anspielung auf die politische Farbe Rot.
11f. **être à jour:** auf dem neuesten Stand sein.
13 **embaucher qn:** jdn. einstellen.
13f. **le sapeur** (mil.): Pionier.
14 **la tranchée** (mil.): Schützengraben.
16f. **Aubervilliers:** wenig attraktive Vorstadt im Norden von Paris (Seine-Saint-Denis). Als Wohnort Daeninckx' zugleich ein emblematischer Ort, der als sozialer Brennpunkt in fast allen Werken des Autors vorkommt (vgl. Nachwort S. 193).

se résigner à laver le linge des voisins. Paco fabrique des pastilles contre la toux, à la Plaine, aux laboratoires Chabonnat. Puis il «tire» deux ans chez Jeumont tout en suivant des cours de stéréotomie, un nom à fréquenter les hôpitaux sous lequel, en fait, se cache la science de la taille des pierres. Il apprend à trouver le sens des minéraux, à évaluer les résistances, à effectuer de bonnes coupes. Les périodes de chômage causées par ses activités syndicales et politiques commencent à s'allonger. En 1934 il rencontre Nina lors de la campagne de solidarité avec les mineurs des Asturies dont la grève vient d'être réprimée par un général au nom encore obscur: Franco.

Nina est née rue de la Révolte à Levallois, le 1er Mai 1917. Un extrait d'acte de naissance qui sonne comme une fiche de police! Elle se dépense sans compter pour venir en aide aux réfugiés espagnols hébergés à la Plaine-Saint-Denis. Paco et Nina sont vite inséparables. Ils créent un groupe de théâtre, la troupe Aurora, qui se produit à la salle des fêtes d'Aubervilliers, et dans les locaux syndicaux du Pro-

4 **la stéréotomie:** die Wissenschaft vom Behauen und Schneiden von Steinen, im Folgenden erklärt.

4f. **un nom à fréquenter les hopitaux** (fam.): ein verrückter, ‚kranker' Name.

11f. **la grève des mineurs des Asturies:** Bergarbeiterstreik in Asturien, Nordspanien, im Jahre 1934, der blutig niedergeschlagen wurde. Vgl. dazu das frühe Theaterstück von Albert Camus: *Révolte dans les Asturies* (1936).

12 **réprimer qc:** etwas unterdrücken, etwas niederschlagen.

15 **un acte de naissance:** Geburtsurkunde.

16 **la fiche de police:** polizeiliche Karteikarte.

grès, rue Pasteur. Ils montent des pièces d'agit-prop, jouent devant Aragon, Paul Vaillant-Couturier, Henri Barbusse. Une partie de la troupe est même à l'affiche d'un festival de théâtre prolétarien en URSS.

Paco et Nina se marient quelques mois avant la victoire électorale du Front Populaire. Lui n'a toujours pas de travail fixe et consacre l'essentiel de son temps au Bureau National d'Aide aux Républicains Espagnols: meetings, pétitions, collectes, prises de parole. De l'autre côté des Pyrénées la République doit faire face à la rébellion du général Franco, et Paco redouble d'activité au moment de la formation des Brigades Internationales. Il est l'un de ceux qui participent au trafic d'armes, de munitions. Il organise la

1 **une agit-prop:** Kunstwort aus *une agitation* und *la propagande*; meint ursprünglich alle Arten der Werbung für den Kommunismus, insbesondere den Leninismus, wird aber auch allgemein für politische (linke) Werbung verwendet; hier: Theater für kommunistische Propaganda.

2f. **Louis Aragon; Paul Vaillant-Couturier; Henri Barbusse:** politisch engagierte französische Autoren in der ersten Hälfte des 20. Jahrhunderts.

3f. **une affiche:** hier: Theaterspielplan.

4 **URSS:** Abk. von *l'Union des républiques socialistes soviétiques*; (ehemalige) Sowjetunion.

6 **le Front Populaire:** Volksfrontregierung (Zusammenschluss linker Parteien) in Frankreich unter der Führung von Léon Blum (1936–38).

9 **la pétition:** Petition, Bittschrift.

12f. **les Brigades Internationales:** Einheiten ausländischer Freiwilliger, die während des spanischen Bürgerkriegs auf der Seite der Republikaner, d. h. gegen Franco, kämpften. Willi Brandt, Ernest Hemingway, George Orwell u. a. waren als berühmte Kriegsberichterstatter dort vor Ort.

14 **le trafic d'armes:** Waffenhandel.

complicité de cheminots, de douaniers, conduit des camions entre Bordeaux et la frontière ... En novembre 1936 les gendarmes français l'arrêtent près du Boucault alors qu'il vient, avec son copain Augustin Marcos, de donner le départ à deux bateaux bourrés d'armes et de munitions. Dans la prison de Bayonne, sa cellule est inondée à chaque montée des eaux de l'Adour. Les rats pullulent. Il obtient l'autorisation de correspondre avec sa femme. Il exige un crayon rouge, par conviction! «*Paco m'avait dit*, m'explique-t-elle, *que si un jour il m'écrivait à l'encre rouge, cela voudrait dire qu'il était arrêté.*» Elle se démène et parvient à le faire remettre en liberté après la chute d'Irún. Sur ses épaules pèsent six mois de prison avec sursis. «*Tu sais, c'était peut-être le Front Populaire mais on ne nous faisait pas de cadeaux ... J'étais grillé dans toutes les boîtes de la région parisienne. Je me faisais virer de partout. J'ai réussi à travailler sur le chantier de l'Exposition Internationale de 1937. Je taillais les colonnes du Trocadéro ... Ce qui s'appelle maintenant l'esplanade des Droits de l'homme.*»

Un soir de cette même année, dans le Saint-Denis

1 **le cheminot:** Eisenbahner.
5f. **bourré, e de:** vollgestopft mit.
8 **pulluler:** wimmeln.
12 **se démener:** herumtoben; hier (fig.): sich abmühen.
12f. **parvenir à faire qc:** etwas tun können, es gelingt ihm/ihr etwas zu tun.
14 **Irún:** Stadt in Spanien, die während des Bürgerkrieges fast vollständig zerstört wurde.
14f. **avec sursis** (m.): mit Bewährung.
16 **être grillé, e** (fam.): geliefert sein, unten durch sein.
17 **la boîte** (fam.): Firma.

de Doriot, Paco tient un meeting. Soudain, la salle du garage Perron, rue Gaëtan Lamy, est envahie par la police qui tente de l'arrêter. Il s'éclipse par une seconde porte qui donne sur l'étable de la ferme du Petit-Saint-Bernard où les gens du quartier se fournissent en lait frais. Le 12 avril 1937, il passe la frontière et rejoint les combattants républicains. Le commandement des Brigades Internationales l'affecte à la 16ᵉ batterie du 2ᵉ groupe d'artillerie lourde. Il combat jusqu'à la chute de la République d'Espagne, en mars 1939. Les artilleurs font sauter leurs canons. Paco revêt un uniforme de simple soldat et contourne les lignes franquistes. Il échappe à un détachement blindé mussolinien, parvient à se faufiler dans Madrid, mais il est fait prisonnier à proximité de l'Ambassade de France où il comptait se réfugier. Les franquistes le retiennent dans le stade de football de Vallecas, puis dans les abattoirs proches. Il croit sa dernière heure arrivée quand un prêtre prend la parole: *«Dieu vous pardonne, mais pas Franco ...»* Par chance les vainqueurs ne parviennent pas à déterminer son identité. Paco est transféré au camp de Gétafé où il tente immédiatement de renouer le contact. On le dénonce et

3 **s'éclipser** (fam.): verschwinden, sich verdrücken.
9 **la batterie** (mil.): Batterie.
11 **un artilleur:** Artillerist.
11 f. **revêtir qc:** etwas anziehen.
12 **contourner qc:** etwas umgehen.
13 **le détachement blindé:** Panzersondertrupp.
14 **se faufiler:** sich durchschlängeln.
18 **les abattoirs** (m.): Schlachthaus, -hof.
23 **dénoncer qn:** jdn. anzeigen, jdn. denunzieren.

il est jeté au mitard, dans l'obscurité complète. Trois mois interminables avec pour seule nourriture un peu de soupe claire et du pain glissés par une trappe. Ses bourreaux le sortent trois fois de son antre et le collent au mur, pour un simulacre d'exécution. Il ne bronche pas, s'en tient à sa fausse identité sous laquelle il est prêt à mourir. Il quittera cet enfer à moitié aveugle. Au cours de l'été 40, la justice militaire le condamne à plusieurs mois de travaux forcés et il part tailler les pierres d'une caserne, dans la région de Burgos. Nina me montre des photos qu'elle conserve dans un gros portefeuille: «*Pendant ce temps-là j'étais restée à Aubervilliers. J'élevais notre fille, Sonia, et je commençais à mener des actions de résistance … À l'automne de 1940 les nazis nous faisaient déjà la chasse … Tiens, regarde, lui c'était un télégraphiste. Il a été fusillé. Là, c'est ma sœur, Angèle. Ils l'ont déportée …*»

Nina passe la frontière avec sa fille. Paco vient d'être libéré, mais reste sous la surveillance étroite de la *guardia civil*. Ils s'installent dans le nord du pays, à

1 **le mitard** (arg.): Kerker, Verlies.
3 **la trappe:** Falltür.
4 **le bourreau:** Henker.
un antre: Höhle.
5 **le simulacre d'exécution:** Scheinexekution.
5f. **ne pas broncher** (fig.): sich nicht rühren, sich nicht mucksen.
6 **s'en tenir à qc:** sich an etwas halten.
9 **les travaux forcés:** Zwangsarbeit.
16 **le télégraphiste:** Telegrammbote.
21 **«la guardia civil»:** Teil der spanischen Polizei, die auch heute noch dem Militär untersteht. Unter Franco war sie als politische Polizei gehasst und gefürchtet.

Santander. Paco restaure la cathédrale: «*Les flics ne me lâchaient pas d'une semelle. Dès que j'arrivais quelque part, je me mettais tout de suite à travailler sur un chantier ... Le travail c'est le meilleur moyen de passer inaperçu quand la police te guette. C'était mon alibi de bon père de famille ...*» C'est que Paco n'a jamais abandonné la lutte: au tout début de 1944 il est devenu agent de liaison des groupes de guérilla antifranquistes commandés par Crespo. Le minuscule logement, face à la cathédrale de Santander, s'équipe d'une machine à écrire, d'une ronéo. Peu après ce sont des pistolets, des fusils mitrailleurs que l'on cache dans les placards. Paco et Nina font partie du maquis de ville chargé de préparer les attaques, les coups de main, les hold-up réalisés par des groupes spécialement descendus de la montagne. Paco fabrique des bombes artisanales: un certain produit chimique inflammable au fond d'une bouteille, un préservatif dont on fait pendre le corps dans le goulot, en guise

1f. **ne pas lâcher qn d'une semelle:** jdm. auf Schritt und Tritt folgen.
5 **passer inaperçu, e:** unbemerkt bleiben.
guetter qn: jdm. auflauern.
8 **un agent de liaison:** Verbindungsmann.
11 **la ronéo:** Vervielfältigungsapparat (nach dem Namen des Herstellers).
12 **le fusil mitrailleur:** leichtes Maschinengewehr.
13 **le maquis:** Buschwald; unter der dt. Besatzung: französische Widerstandsgruppe.
14f. **le coup de main:** Handstreich, Überfall.
15 **le hold-up** (angl.): bewaffneter Raubüberfall.
17f. **inflammable:** entzündbar, entflammbar.
19 **le goulot:** (Flaschen-)Hals.
19f. **en guise de** (loc. prép.): als; anstatt.

de bouchon, puis quelques gouttes d'un agent corrosif qui va ronger le caoutchouc, l'explosion résultant du contact entre le produit chimique et l'agent corrosif … Ils traquent aussi les responsables nazis réfugiés en Espagne après l'effondrement du Troisième Reich. Le 18 juillet 1946, la guérilla décide de lancer une série d'actions militaires pour fêter à sa façon le dixième anniversaire de la rébellion franquiste. La répression est terrible. Dans les jours qui suivent plusieurs dizaines de guérilleros sont arrêtés. L'un des dirigeants, Cristino Garcia, dont une rue de Saint-Denis porte le nom, est jugé sommairement et fusillé. Crespo, le contact direct de Paco est torturé mais ne dit rien. On le promène dans la ville, comme un appât. Nina avertit sa fillette: «*Sonia, si tu vois l'oncle Crespo dans la rue, fais semblant de ne pas le connaître …*» Les groupes rescapés sont mis en sommeil. Une nuit de juillet 1947 Paco, Nina et leurs deux enfants parviennent à franchir la Bidassoa en barque. Paco se remet à peine de ses émotions que les gen-

1f. **un agent corrosif:** Ätzmittel.
2 **ronger:** (zer)nagen; zerfressen.
le caoutchouc: Kautschuk, Gummi.
4 **traquer qn:** jdn. hetzen, jdn. jagen.
12 **juger qn sommairement:** jdn. ohne Gerichtsverfahren (zum Tode) verurteilen.
14f. **un appât:** Köder.
17 **rescapé, e:** entkommen.
mettre qc en sommeil (fig.): etwas vorübergehend ruhen lassen, stilllegen.
19 **la barque:** Boot, Kahn.
20 **à peine:** hier (loc. conj.): gerade erst.

darmes français surgissent et l'arrêtent. Il est interné pendant plusieurs semaines au camp de Mérignac, près de Bordeaux avant de faire la belle pour rejoindre Aubervilliers. Il finira par obtenir une carte de travail, puis une carte de résident permanent. Au moment de «liquider» sa retraite il fera le compte des entreprises dans lesquelles il a travaillé: lui qui pourtant ne les aimait pas collectionne soixante-quinze patrons! Les années de galère, de petits boulots, de prison, de résistance ne sont pas prises en compte, et la pension est maigre. Ce qui explique pourquoi le vieux rebelle espagnol gardait le Foyer de Jeunes Travailleurs, la nuit, au début des années soixante-dix …

En 1986, à 76 ans, il avait demandé la nationalité française. Ses poings se serraient quand il me montrait la réponse des services préfectoraux. *«J'ai reçu une lettre de refus. C'est pourtant pas à mon âge que je vais prendre le boulot d'un Français!»*

Le fonctionnaire en charge du dossier aurait été bien surpris s'il avait appris que le Francisco Asensi qu'il venait d'exclure de la communauté française avait un lien de parenté avec le député François

3 **faire la belle** (arg.): ausbrechen, ausbüchsen.
5 **le résident permanent / la résidente permanente:** Einwohner ausländischer Nationalität, der seinen ständigen Wohnsitz im Land hat.
6 **liquider qc:** hier (fam.): etwas abwickeln, zum Abschluss bringen.
9 **la galère** (fam.): Arbeit, Schinderei.
le petit boulot (fam.): Gelegenheitsjob.
17 **les services préfectoraux:** Behörden der Präfektur (Regierungspräsidium).

Asensi qui siège, depuis 1981, à l'extrême-gauche de l'hémicycle.

C'était son père.

Mon vieux camarade Francisco Asensi, internationaliste espagnol, est décédé le 24 septembre 1997.

2 **un hémicycle:** Halbrund; hier: die französische Nationalversammlung.

Les passeurs de liberté

à Dominique Roger

Le chef se tenait dans l'ombre, tassé sur un fauteuil en retrait de la fenêtre basse, et devant lui le soleil oblique traçait comme une flèche sur la table du cabaret. Puebla, en parlant, agitait des mains tavelées qui brisaient la pointe de lumière. Il retint ses mots au passage de deux marins et attendit qu'ils soient installés au fond de la salle pour reprendre, à voix basse, le cours de la conversation. Il repoussa son verre et se pencha vers l'avant, les bras posés sur le bois auréolé de vin. De temps à autre, il cherchait à croiser le regard de l'homme qui lui faisait face, mais les paupières masquaient, en une fraction de seconde, le moindre éclat. Puebla se forçait à parler lentement

1 **le passeur:** Fährmann; Fluchthelfer; Schlepper.
3 **tassé, e:** hier: eingesunken sitzend.
4 **en retrait** (loc. adj.): zurückgesetzt, im Hintergrund.
5 **oblique:** schräg.
5f. **le cabaret:** Nachtlokal; hier (vx.): Wirtshaus, Kneipe.
6 **agiter qc:** etwas schwenken, etwas bewegen.
tavelé, e: fleckig.
10f. **se pencher:** sich beugen.
11 **auréolé, e:** mit einem (Licht-)Kranz umgeben; hier: befleckt.
14 **la fraction:** hier: Bruchteil.
15 **un éclat:** Splitter; hier: Funkeln, Glanz.

pour maîtriser l'accent cantabrique, évitait de hérisser son discours de mots espagnols comme d'autant de récifs, bien qu'il sache que son interlocuteur maîtrisait le castillan et entendait le catalan.

– C'est la troisième fois, en moins d'un mois, que la douane se dirige droit sur les marchandises et les hommes lestés de notre contrebande. Plus rien ne passe, toutes nos ruses sont déjouées. La côte est à l'affût de Granville à Cherbourg: les mailles du filet sont tellement serrées que même l'eau a du mal à couler ... Presque tout ce que nous avions caché sur le vapeur a été saisi dès le débarquement. Aux dernières nouvelles, Chandol, Lenoir et Renaud ont été amenés dans l'arrière-pays, à Saint-Lô, et dorment en prison.

Le chef l'approuva d'un mouvement de la tête, depuis son obscurité.

1 **cantabrique:** Adjektiv zu Kantabrien, einer Region im Norden Spaniens, am Golf von Biscaya.
1f. **hérisser qc de qc:** etwas mit etwas spicken.
3 **le récif:** Riff.
un interlocuteur / une interlocutrice: Gesprächspartner(in).
4 **castillan, e:** kastilisch, zentralspanisch.
catalan, e: katalanisch.
7 **lester:** mit Ballast beladen.
la contrebande: Schmuggel; hier: Schmuggelware.
8 **déjouer:** vereiteln, durchkreuzen.
8f. **être à l'affût** (fig.): auf der Lauer liegen; hier: überwachen (*un affût:* Ansitz, Hochstand).
9 **la maille:** Masche.
12 **le vapeur:** hier: Dampfer.
14 **un arrière-pays:** Hinterland.
17 **une obscurité:** Dunkelheit (dazu: *obscurcir:* verdunkeln).

– On m'en avait déjà informé. M. Falle attendait sur le quai pour prendre le navire en sens inverse. Il a tout vu, la ruée des gabelous, l'arrestation des nôtres. Il m'a assuré qu'au moins ils n'avaient pas été molestés. Qu'est-ce que tu penses exactement? Qu'on nous trahit, que tout est écrit d'avance?

Puebla avait navigué sur tous les océans du monde, toutes les mers, Aral et Balaton compris. Pas une rade d'Orient, pas une crique atlantique qui n'ait vu au mouillage ses barques, ses bateaux ou ses radeaux d'après naufrage. En un demi-siècle de transports clandestins, de fraude à l'octroi, c'est plus que la surface émergée de l'île qui avait transité par ses cales, du drap grossier aux soieries argentées, du sel de morue acheté pour rien au retour des terre-neuvas, jus-

2 **en sens inverse:** in Gegenrichtung.
3 **le gabelou** (péj.): Zöllner.
4f. **molester:** misshandeln.
8 **compris, e** (adj.): inbegriffen.
8f. **une rade:** Reede.
9 **la crique:** kleine Bucht an einer Felsküste.
10 **être au mouillage:** vor Anker liegen (*le mouillage:* Ankern; *mouiller:* ankern).
la barque: Boot, Kahn.
le radeau: Floß.
11 **le naufrage:** Schiffsbruch.
12 **la fraude:** Betrug, Täuschung.
un octroi: Genehmigung.
13 **émerger de qc:** sich aus etwas herausheben, aus etwas auftauchen.
transiter qc: etwas befördern.
la cale: Schiffs-, Laderaum.
14 **la soierie:** Seidenstoff.
14f. **la morue:** Kabeljau.
15 **le terre-neuva:** Neufundlandfischer.

qu'aux lingots précieux mis en sûreté par des trônes vacillants. Il avait amassé autant de fortunes qu'il en avait dilapidé, tué à peu près le nombre d'hommes que son âge comptait de mois et séduit plus de femmes qu'il n'additionnait de jours. La légende qui l'entourait avait valeur de vérité pour tous ceux qu'on croisait sur le port de Saint-Pierre, et quand on disait «Puebla», il fallait entendre «Monsieur». Il avait définitivement amené le pavillon dix ans plus tôt et vivait d'une maigre rente que lui servait le produit d'un ultime trafic de tabac entre la Corse et l'Écosse.

– Pardonnez ma franchise, mais nous n'avons pas même besoin d'être dénoncés. Les fonctionnaires ont l'œil exercé. Je les connais bien; ils vous fixent du regard et c'est plus redoutable, pour un honnête homme, que s'ils lui faisaient subir la Question. Il faut avoir un sacré métier, alors qu'on a les poches pleines, pour prendre l'air dégagé de celui qui n'a rien à

1 **le lingot:** (Gold-)Barren.
2 **vacillant, e:** schwankend, wackelnd.
amasser qc: etwas anhäufen.
3 **dilapider qc:** etwas verschwenden.
7 **croiser qn:** jdm. begegnen.
9 **amener:** hier: einholen.
le pavillon: Flagge.
11 **ultime:** äußerste(r, s), allerletzte(r, s).
12 **la franchise:** Offenheit, Freimütigkeit.
13 **dénoncer qn:** jdn. anzeigen, jdn. denunzieren.
13f. **avoir l'œil exercé:** ein geübtes Auge haben.
15 **redoutable:** furchterregend, gefürchtet.
16 **la question:** hier (vx.): Folter, hochnotpeinliche Befragung.
17 **sacré, e:** hier (fam.): verflucht, verdammt.
18 **dégagé, e:** frei; ungezwungen, ungeniert.

se reprocher. On ne devient pas hypocrite par nécessité: c'est une vocation. Je n'ai pas à faire beaucoup d'efforts pour imaginer Chandol, Lenoir ou Renaud sur la passerelle de *La Galande* ancrée à Granville! J'entends même les pistons, les cames au ralenti, le chuintement de la vapeur, les cris des cormorans ... Épaules rentrées, tête baissée, front plissé, ils font déjà le dos rond pour amortir les coups alors que les douaniers n'ont pas encore sorti leurs bâtons ... Un froncement de sourcils sous le bicorne, et ils portent la main à leurs hauts-de-chausses où sont dissimulés vos trésors. Pas un mot n'a été prononcé, et pourtant tout est dit. Je vous avais mis en garde, on ne transforme pas du jour au lendemain des négociants en contrebandiers ... Une vie souvent n'y suffit pas. Le chemin inverse est beaucoup plus facile ...

L'homme, dans la pénombre, manifesta son impatience.

2 **la vocation:** Berufung.
4 **la passerelle:** Steg; hier: Schiffssteg, Gangway.
5 **le piston:** Kolben.
la came: Nocken.
6 **le chuintement:** Zischen.
7 **rentré, e:** hier: tief eingezogen.
plissé, e: in Falten gelegt.
8 **amortir:** dämpfen.
10 **le froncement:** Runzeln.
le bicorne: Zweispitz.
11 **le haut-de-chausse:** Oberschenkelhose.
dissimuler qc: etwas verheimlichen, etwas verbergen.
13 **mettre qn en garde:** jdn. warnen.
14 **le négociant:** (Groß-)Händler.
15 **le contrebandier / la contrebandière:** Schmuggler(in).
17 **la pénombre:** Halbdunkel, Dämmerlicht.

– Tout ce que camouflaient les hommes a été découvert, mais tu m'accorderas qu'il y en avait deux fois plus dans les entrailles des volailles de la ferme du Câtel, et que personne appartenant au comité de réception n'a eu l'idée d'inspecter les croupions. Rappelle-toi que l'idée te semblait folle. D'ici demain cette partie du butin sera en vente dans Paris. Le vendredi, ce sont des carcasses de moutons que l'on achemine sur le continent, et j'ai calculé qu'on pouvait au minimum tripler la mise … Tu peux t'en occuper? Le matériel est entreposé à l'endroit habituel.

Il avait levé la main en direction du patron de l'auberge pour lui signifier que les consommations devaient être portées sur son compte, et il était établi que cela mettait un terme à l'entrevue. Puebla aurait dû se lever, se saisir de sa canne torsadée et rejoindre la rue sans se retourner tandis que le chef gagnait, par l'escalier, une porte dérobée. Ce n'est pas ce qu'il fit.

– Les arrestations des vivants ont servi de diver-

1 **camoufler:** tarnen, verbergen (*le camouflage:* Tarnung).
3 **les entrailles** (f.): Eingeweide.
5 **le croupion:** Bürzel.
7 **le butin:** Beute.
8 **la carcasse:** Rumpf, Gerippe.
9 **acheminer qc:** etwas befördern, etwas weiterleiten.
10 **la mise:** Einsatz (dazu: *miser sur qn:* auf jdn. setzen).
14f. **il est établi que:** es steht fest, dass; es ist erwiesen, dass.
15 **une entrevue:** Zusammenkunft, Unterredung.
16 **la canne:** Rohr; Stock.
torsadé, e: gedreht.
17 **gagner qc:** hier: etwas (einen Ort) erreichen, zu etwas gelangen.
18 **la porte dérobée:** Geheimtür.
19f. **la diversion:** Ablenkung.

sion aux cadavres des oies, des canards et des chapons. Chacun connaît le sort de nos passeurs entre les murs de force de Saint-Lô. Je ne pense pas que vendredi les volontaires se presseront avant l'embarquement pour revêtir nos manteaux à fausses doublures ou chausser nos bottes à talons creux. La douane se retroussera les manches pour plonger les bras dans la viande, et je vous prédis que rien, pas une bribe, ne prendra la route de la capitale. Tout sera pris et nous serons les seuls fautifs. Je voulais vous soumettre une idée qui m'est venue ...

L'homme s'était redressé et le trait de lumière effleurait son gousset où brillait une montre tenue par une chaîne d'argent. Il l'ouvrit du bout de l'ongle pour lire l'heure française au cadran.

– Il est temps que tu te mettes en route pour la ferme du Câtel, dans une heure on égorge les bêtes. Prends soin d'entourer nos produits de linge ou de papier enduits de paraffine pour éviter que le sang ne

1f. **le chapon:** Kapaun.
4 **se presser:** sich beeilen.
5 **revêtir:** anziehen.
la doublure: Futter.
6 **creux, creuse:** hohl.
7 **se retrousser les manches:** sich die Ärmel hochkrempeln.
8 **la bribe** (vx.): Stückchen.
10 **le fautif / la fautive:** Schuldige(r).
soumettre: hier: unterbreiten.
12f. **effleurer:** streifen.
13 **le gousset:** Westentasche, Uhrentasche.
15 **le cadran:** Zifferblatt.
17 **égorger:** die Kehle durchschneiden.
19 **enduire:** bestreichen, überziehen, einschmieren.

les tache. Nous nous reverrons lundi, et si l'avenir t'a donné raison, j'écouterai ta proposition.

Il se coiffa d'un chapeau à large bord qui accentua l'ombre sur ses traits et disparut dans l'ascension des marches. La maison s'appuyait sur un rocher de granit, et tandis que l'auberge ouvrait ses salles sur la rue des Cornets, on pouvait accéder aux chambres des deux étages par des sentiers taillés dans la pierre. En fait, et c'était là une partie du mystère, il ne sortait pas aussitôt à l'air libre: en échange de quelques pièces, la fille du cuisinier, une rousse effrontée au nez en trompette, le laissait s'agiter en elle tout en récitant des *Pater*. Il partait à la nuit.

Puebla se mit en chemin, calant sa jambe tordue entre deux pavés disjoints avant de planter la pointe de la canne et assurer sa progression vers la place de l'église. Un mât brisé s'était abattu sur l'équipage et la cargaison de whisky alors que, partis de Limerick, ils passaient l'embouchure du Shannon. Seul survi-

1 **tacher:** beflecken.
3 **se coiffer de qc:** sich etwas aufsetzen.
4 **une ascension:** Besteigung; Aufstieg.
11 **effronté, e:** frech, unverschämt, dreist.
12 **s'agiter:** sich bewegen.
13 **le Pater:** Paternoster, Vaterunser.
14 **caler qc:** etwas verkeilen, etwas festklemmen.
15 **le pavé:** Straßenpflaster; Pflasterstein.
disjoint, e: aus den Fugen gegangen; hier: auseinanderklaffend.
17 **le mât:** Mast.
s'abattre: umstürzen.
18 **la cargaison:** Ladung.
19 **une embouchure:** Mündung.

vant, il avait dérivé trois jours avant de s'échouer sur Inisheer, la plus petite des îles d'Aran. Un pêcheur silencieux lui avait bricolé une attelle au moyen de deux planches et d'un cordage détressé. L'alcool, pendant des semaines, avait tenu la douleur à distance. L'os s'était ressoudé, les chairs refermées, et il s'était juré de tout abandonner après un dernier exploit destiné à subvenir aux besoins de ses vieux jours. Il avait tenu parole dix années pleines, avant que le démon le reprenne. Cela faisait trois mois qu'il s'était lancé dans cette aventure de laquelle pas un sou n'était né. S'il respirait à nouveau le parfum du risque, son bénéfice se limitait aux pichets de vin rouge que le chef payait alors que lui-même ne buvait que de l'eau. Il s'adossa à un porche pour reprendre son souffle, et c'est de là qu'il vit Allix accroupi au beau milieu d'un carré de terre où la mousse le disputait à l'herbe, près de la fontaine publique. Il s'appro-

1 **dériver:** abtreiben, treiben.
s'échouer: auf Grund laufen, stranden.
3 **une attelle** (méd.): Schiene.
4 **détressé, e:** entflochten.
6 **se ressouder:** wieder zusammenwachsen.
8 **subvenir aux besoins de qn:** für jds. Unterhalt aufkommen, für jdn. sorgen.
10 **le démon:** Dämon, Teufel.
13 **le pichet:** Krug.
15 **s'adosser à qc:** sich an etwas anlehnen.
le porche: Eingangstor.
16 **le souffle:** Atem.
accroupi, e: in der Hocke, kauernd (*s'accroupir:* in die Hocke gehen, sich niederkauern).
17 **la mousse:** Moos.
17f. **le disputer à qn:** es mit jdm. aufnehmen können.

cha en raclant le sol sans que l'agenouillé ne s'en alerte, absorbé qu'il était par le spectacle de deux escargots, des gros gris, qui rampaient côte à côte le long d'un tuyau d'évacuation.

– Les paris sont ouverts? Je mise sur celui de droite ...

Allix tordit le cou et lui montra un visage plus émacié encore qu'à l'ordinaire. De la peau grise et des nerfs tendus sur du cartilage d'où pointaient deux yeux incandescents, le tout encadré par de longues mèches de cheveux ternes.

– Ne parle pas si fort, ils sont sensibles aux ondes, aux vibrations. Regarde comme leurs cornes se sont rétractées ... Approche-toi, tu es trop loin ...

Puebla daigna se pencher.

– J'ai de bons yeux, mais la jambe est raide. Qu'y a-t-il de si remarquable?

Allix promena un doigt décharné au-dessus des

1 **racler:** (ab)schaben, (ab)kratzen.
un agenouillé / une agenouillée: Kniende(r).
2 **s'alerter de qc:** einer Sache (einer Gefahr usw.) gewahr werden.
3 **ramper:** kriechen.
4 **un tuyau d'évacuation:** Abflussrohr.
5 **le pari:** Wette.
7f. **émacié, e:** ausgemergelt, abgezehrt.
9 **le cartilage:** Knorpel.
10 **incandescent, e:** glühend.
11 **terne:** glanzlos, matt.
13 **la corne:** hier: Fühler.
13f. **se rétracter:** sich zurückziehen, sich einziehen.
15 **daigner faire qc:** geruhen etwas zu tun.
16 **raide:** steif.
18 **décharné, e:** mager, dürr.

baves parallèles qui brillaient faiblement au soleil couchant.

– Tu ne constates rien, c'est pourtant évident! Observe le mucus qu'ils déposent dans leur sillage: ils font les mêmes mouvements comme un couple qui s'accorde pour la danse …

Gémissant, Puebla porta la main à ses reins, pour se redresser.

– Et tu en tires quelles conclusions, si ce n'est pas indiscret?

Un afflux de sang colora les pommettes et le front de l'épieur de gastéropodes. Il se releva à son tour puis emboîta le pas du contrebandier.

– Il y a là, sous ces coquilles, de quoi bouleverser le monde. Il est bien tôt, tu rentres déjà au Havelet?

– Non, je vais farcir la viande fraîche du Câtel. Le chef veut tenter un nouveau passage de marchandise sur le vapeur de vendredi, et bien que ce soit voué à l'échec, j'obéis. Prends garde, Allix, un de ces jours, il

1 **la bave:** Speichel; Schleim; hier: Schleimspur.
4 **le mucus:** Schleim.
le sillage: Kielwasser; hier: Spur.
7 **gémir:** stöhnen, seufzen.
11 **un afflux de sang:** (plötzlicher) Blutandrang.
la pommette: Backenknochen.
12 **un épieur / une épieuse:** jd., der lauert; Späher(in).
les gastéropodes (m.): Schnecken, Gasteropoden.
13 **emboîter le pas à qn:** jdm. auf dem Fuß folgen.
14 **la coquille:** Schale, Gehäuse.
bouleverser: völlig durcheinanderbringen, tiefgreifend verändern.
16 **farcir:** füllen, farcieren.
18f. **être voué, e à l'échec:** zum Scheitern verurteilt sein.

exigera de toi que tu fourres tes colimaçons non de beurre aillé, mais avec son matériel. Ce sera moins digeste ... Je ne comprends jamais rien à ce que tu racontes, c'est quoi, au juste, ta révolution escargotière?

Bien que l'allusion au destin comestible de ses protégés l'ait heurté, il n'en laissa rien paraître.

– Les prétendus mystères de la nature sont tous, constamment, sous les yeux de tous et chacun peut, en conséquence, les découvrir. Ces animaux ne cheminent pas de manière aussi symétrique par le simple fait du hasard: ils communiquent entre eux au moyen de messages que captent leurs antennes. Des savants, Benoît et Biat-Chrétien, l'un de l'Hérault et l'autre des Amériques, ont identifié ce fluide vital qu'ils ont baptisé «commotion escargotique» et construit des «boussoles pasilaliniques sympathiques» habitées par

1 **fourrer qc de/avec qc:** etwas in etwas hineinstecken, -stopfen.
le colimaçon: Schnecke.
2 **aillé, e:** mit Knoblauch gespickt.
2f. **digeste:** leicht verdaulich.
5 **comestible:** essbar.
6 **heurter qn:** jdn. anstoßen, jdn. anfahren; hier (fig.): jdn. verletzen, jdn. vor den Kopf stoßen.
7 **prétendu, e:** angeblich, vorgeblich.
8 **constamment:** ständig, dauernd.
9f. **cheminer:** dahingehen, wandern.
14 **le fluide:** flüssiger oder gasförmiger Körper; hier: Fluidum, (Aus-)Strahlung.
15 **la commotion** (méd): Erschütterung.
16 **la boussole pasilalinique sympathique:** Ein Schnecken zugeschriebener Tierkompass. Die Tiere verfügten in magnetisiertem Zustand angeblich über die Fähigkeit, mit artgleichen Tieren zeitgleich und über weite Strecken zu kommunizieren und somit auch zum Träger für menschliche Botschaften zu werden. Diese abstruse

des gastéropodes qui ont pu transmettre, à petite distance il est vrai, des mots, des sons, des couleurs. Un jour viendra où nous saurons domestiquer ces échanges à la perfection et y placer nos propres pensées. Les nouvelles traverseront le monde de coquille en coquille, à la vitesse de l'éclair ... On détruira les sémaphores et tous ces poteaux télégraphiques de Chappe et de Morse qui encombrent le paysage!

Ils se quittèrent à proximité d'une maison en pierre, courtaude, dépourvue de fenêtres, où les marins îliens entreposaient les voiles, cordages et filets des bateaux mis en cale sèche. Courbant le dos, Puebla entra après avoir scruté les environs pour s'assurer qu'aucune cu-

spiritistische Welle hatte Frankreich im 19. Jahrhundert erfasst und auch in der französischen Literatur ihren Niederschlag gefunden (*la boussole:* Kompass; *pasilalinique:* etwa: den ganzen Schwarm betreffend).

7 **un sémaphore:** Semaphor, Signalmast.

7 f. **le poteau télégraphique:** Telegrafenmast.

8 **Chappe:** Der Franzose Claude Chappe (1763–1805) wurde bekannt durch die Erfindung eines optischen Telegraphen, der mittels beweglicher Signalarme weithin sichtbar Zeichen übermitteln konnte.

Morse: Der US-Amerikaner Samuel F. B. Morse (1791–1872) ist der Erfinder des ersten Morsecodes, der mit Strichen und Punkten bzw. langen und kurzen Signalen Buchstaben und Silben kodiert, um sie über weite Strecken senden zu können.

11 **courtaud, e:** gedrungen, untersetzt.

dépourvu, e de qc: ohne etwas.

îlien, ne: Insel...

13 **courber:** biegen, krümmen.

14 **scruter qc:** etwas genau untersuchen, etwas prüfen; hier: etwas (mit den Augen) absuchen.

riosité ne s'y manifestait. Il frotta une allumette avec laquelle il alluma une lampe sourde, et se mit en devoir de dégager un alignement de rondins qui dissimulaient des paquets recouverts de papier gris, de la grosseur d'une brique. Il en compta vingt qu'il enfourna dans un sac de jute, replaça le bois en camouflage et sortit alors que les premiers traits du phare du Havelet déchiraient les ténèbres naissantes. Il demeura la tête enfouie dans les carcasses de moutons du Câtel, une partie de la nuit, protégeant la marchandise au moyen de linges enduits de paraffine, puis la maintenant aux os des cages thoraciques par des fils de raphia cousus dans la chair. Au matin, depuis son refuge du Cornet, debout sur un rocher qui dominait l'anse, son meilleur œil collé à la longue-vue, il ne perdit pas une seule phase de l'embarquement des ovins dépecés. Le battement grave des pistons de *La Galande* parvenait jusqu'à lui qu'accompagnaient les ordres des marins, au cabestan, et les cris de gamins en partance pour le continent. Il ne rentra qu'au moment où

1 **frotter qc:** hier: etwas anzünden, etwas anreißen.
3 **dégager:** herausholen, bergen, wegräumen.
un alignement de rondins (m.): ein länglicher Holzstapel.
5f. **enfourner:** (urspr.: in den Ofen) einschieben.
9 **enfouir:** eingraben, vergraben.
12 **la cage thoracique:** Brustkorb.
12f. **le raphia:** Bast.
14 **une anse:** Henkel.
15 **la longue-vue:** Fernrohr, Teleskop.
16 **les ovins** (m.): Schafe.
16f. **dépecer:** zerlegen, zerstückeln.
19 **le cabestan:** Winde, Spill.
19f. **en partance** (loc. adj.): abfahrbereit.

les cheminées du vapeur furent absorbées par la ligne d'horizon. Le soir, tête nue sous le crachin, il se tenait au même endroit, dans la même position et observait les visages de ceux qui retrouvaient les quais de Saint-Pierre, au retour d'une journée de commerce à Granville. Jusqu'au dernier instant, il espéra reconnaître la silhouette massive de Serques le boucher, mais il lui fallut bien se rendre à l'évidence quand on releva la passerelle: le redoutable manieur de merlin de l'abattoir du Câtel ne faisait pas partie du voyage. Le capitaine en second confirma que Serques avait rejoint les appréhendés du milieu de semaine, derrière les murs de la forteresse de Saint-Lô. Il raconta jusqu'à plus soif, dans les cabarets de la rue des Cornets, que les douaniers étaient allés droit sur lui comme s'il s'était appelé Panurge. Deux jours plus tard, il exhibait une lettre manuscrite à l'orthographe maladroite que Puebla récupéra pour la remettre au chef. Elle émanait d'un gendarme départemental appartenant à la 4e Légion de la Compagnie de la Manche, lieutenance d'Avranches, Brigade de Granville:

2 **le crachin:** Sprühregen.
9 **le manieur de qc:** jd., der mit etwas umgeht; hier: der Mann des …
le merlin: Spaltaxt; Schlachthammer.
12 **un appréhendé / une appréhendée:** Festgenommene(r), Ergriffene(r) (*appréhender qn:* jdn. ergreifen, dingfest machen).
16 **Panurge:** literarische Gestalt Rabelais'. Anspielung auf eine berühmte Szene, in der Panurge ein Schaf ins Meer führt und damit alle anderen Schafe – hier die seines Feindes Dindenault – in den nassen Tod schickt. Noch heute bedeutet *mouton de Panurge:* Herdentier.
exhiber: vorzeigen, vorführen.
17 **manuscrit, e:** handschriftlich.

«Ce jour 16 septembre, à deux heures de l'après-midi, nous Mauny Paul, Maréchal des Logis, et Ferret Jean-Pierre, gendarme à la brigade de Granville (Manche) revêtus de notre uniforme, soussignés, rapportant qu'étant de service vers les dix heures du matin, pour la visite de la vapeur des îles à Granville, monsieur Villedieu Gustave, sous-inspecteur des Douanes, ma dit au moment où la vapeur accoste l'escalier de la jetée où lon descend pour faire la visite de la vapeur:

– Avez-vous visité les bêtes au dernier voyage?

J'ai répondu, moi, maréchal des Logis:

– Non.

À quoi il me fut rétorqué:

– Cette fois ne loubliez pas.

Au voyage précédent, nous avions saisi, en flagrant délit, des marchandises illicites sur des hommes vêtus de pantalons très larges qui les tenaient maintenues à laide de ficelles, ainsi que dans leurs chausses. Elles étaient cette fois dissimulées en fraguements dans des cadavres de moutons appartenant à un marchand du Câtel nommé François Serques quil expédie

2 **le maréchal des logis:** Unteroffizier.
4 **le soussigné / la soussignée:** Unterzeichnende(r).
6 **la vapeur:** gemeint ist *le vapeur*. Die weiteren Fehler im Brief des Unteroffiziers werden nicht berichtigt.
8 **accoster qc:** an etwas anlanden, anlegen.
9 **la jetée:** Mole, Pier.
14 **rétorquer:** erwidern, entgegnen.
16f. **en flagrant délit:** auf frischer Tat.
17 **illicite:** unerlaubt, unzulässig.
19 **les chausses** (f.; vx.): Beinkleider.

chaque semaine à une maison de confiance, les Salaisons coutançaises, dont lhonorabilité doit être mise en cause.»

Ainsi qu'à son habitude, l'homme se tenait dans l'encoignure, les traits obscurcis par l'ombre du mur. Une chienne au poil cendré était couchée à ses pieds, et quand elle remuait il prononçait son nom sur un ton de reproche: «Chougna.» À un moment, la feuille de papier blanc capta un rayon de soleil qu'elle renvoya vers son visage, éclairant les mèches de cheveux gris qui enserraient des joues impeccablement rasées. Il reposa le rapport sur la table, y plaqua la main pour le faire glisser vers Puebla.

– Tu ne m'enlèveras jamais le doute que nous avons été donnés. Il suffit de lire la prose de ce Mauny, et je ne parle pas de son ignorance de l'apostrophe, de ses «fraguements» un peu trop généreux, pour constater que c'est tout sauf une flèche. Pourtant, au débarcadère, il se dirige droit sur le cœur

1f. **la salaison:** Einpökeln.
2 **coutançais, e:** Adjektiv zu Coutances, einem Ort im Département Manche (Basse-Normandie).
2f. **mettre qn en cause:** jdn. mit hineinziehen, jdn. verwickeln.
4f. **une encoignure:** Ecke, Winkel.
6 **cendré, e:** aschfarben, fahl.
10 **la mèche de cheveux:** Haarsträhne.
11 **enserrer:** umschließen.
impeccablement: tadellos, einwandfrei.
12 **plaquer qc:** etwas anpressen, etwas aufdrücken.
15 **donner qc:** hier: etwas verraten.
18 **c'est tout sauf une flèche** (fam.): er/sie ist nicht gerade eine Leuchte.
19 **le débarcadère:** Anlegestelle, Landeplatz.

de la cible sans la moindre hésitation ... Ce furent nos moutons, mais l'innocence d'un agneau n'y aurait pas survécu. À mon avis, on a parlé. Bien sûr, cela ne remet pas en cause la promesse que je t'ai faite d'écouter tes conseils. Propose et j'ordonnerai ...

Puebla se saisit du pichet pour emplir son verre de vin. Il se lança, la rasade lui donnant l'illusion du courage.

– Cela ne servirait à rien d'essayer par les lignes de Cherbourg ou Port-Bail, d'envoyer des barques vers les plages. Le Cotentin est hérissé de casemates, la douane tient la Manche dans sa main, c'est tout juste s'ils ne connaissent pas les prénoms des poissons. En comptant sur la chance, on pourrait tout au plus faire franchir la frontière, en un mois, à un petit dixième de ce que nous avons en stock. Le reste serait irrémédiablement perdu. Je ne vois qu'une solution: il faut nous tourner vers vos amis de Trégastel et Ploumanach ... La route est plus difficile ...

Le chef l'interrompit.

– Nous nous y sommes déjà frottés, Puebla, rappell-etoi! Dans cette tentative nous avons abîmé *Le*

1 **la cible:** Zielscheibe.
7 **emplir qc:** etwas füllen.
8 **la rasade:** kräftiger Schluck.
12 **la casemate:** Bunker, Kasematte.
16 **franchir:** überschreiten.
17 **en stock** (loc. adv.): vorrätig, auf Lager.
17f. **irrémédiablement:** unersetzbar, unheilbar; hier: unwiederbringlich.
22 **se frotter à qc:** sich eine Zeit lang mit etwas beschäftigen.

Salem sur les écueils des Douvres. La mort de ces deux marins me hante encore. On m'avait rapporté ce proverbe bien avant le naufrage: «Si tu doubles de nuit les Douvres, les portes de l'Enfer tu ouvres», et je n'y avais pas prêté attention. Depuis, j'ai consulté les cartes. Les roches tranchantes affleurent, cachées par l'écume, au-dessous les épaves s'accumulent. C'est le cimetière le plus profond au monde. Je ne tenterai rien qui mette la vie des hommes en péril. Aucune contrebande ne vaut ce prix, et tiens-le-toi pour dit.

Puebla savait ces escarpements contournés dans sa jeunesse et qui, des dizaines d'années plus tard, nourrissaient encore ses cauchemars, transformaient ses nuits en tourments. Il n'y avait rien d'autre que les abîmes de mer et le vent qui semblaient naître ici et y mourir. Un seul homme, disait-on, avait survécu quelques jours accroché à un piton après un sinistre. Les

1 **un écueil:** Riff, Klippe.
Douvres: Dover.
2 **hanter qn** (fig.): jdn. nicht in Ruhe lassen, jdn. umtreiben.
6 **tranchant, e:** schneidend, scharf(kantig).
affleurer: auftauchen, erscheinen.
7 **une écume:** Schaum, Gischt.
une épave: Wrack, Strandgut.
9 **mettre en péril:** in Gefahr bringen.
12 **un escarpement:** Steilhang, steile Böschung; hier: spitze Felsen.
contourné, e: verkrümmt, verdreht.
14 **le cauchemar:** Alptraum.
15 **le tourment:** Qual, Pein.
16 **un abîme:** Abgrund, Tiefe.
18 **le piton:** Felshaken.
le sinistre: (Brand-, Erdbeben-, Flut-)Katastrophe.

crabes avaient attendu l'heure du festin, comme des vautours marins.

– Dans l'obscurité, personne ne peut échapper à ce piège mouvant, je vous l'accorde. Mais de jour, une attention de tous les instants suffit à passer le cap et à échapper aux remous. Les embarcations des gabelous sont désavantagées à la manœuvre sur ces hauts-fonds, elles sont trop lourdes, trop pataudes. Il faudrait pouvoir disposer d'un petit bateau à faible tirant d'eau, muni d'une voilure puissante et taillé de telle façon qu'il reste stable sur la houle … Il leur filerait sous le nez …

– J'ai observé depuis des mois ce qui s'amarre au port … Quand un voilier possède deux des qualités que tu décris, la troisième lui fait défaut. Cela nécessiterait de le dessiner, le donner à construire. Le temps nous manque, hélas.

1 **le crabe:** Krebs, Krabbe.
2 **le vautour:** Geier.
4 **le piège:** Falle.
5 **passer le cap:** das Kap umfahren; hier (fig.): die schwierige Lage überstehen.
6 **le remous:** Strudel, Strömung, Sog.
une embarcation: kleines Boot.
7 **désavantagé, e:** benachteiligt.
7 f. **le haut-fond:** Untiefe.
8 **pataud, e:** tolpatschig; hier: zu wenig wendig.
9 f. **le tirant d'eau:** Tiefgang.
10 **la voilure:** Besegelung.
11 **la houle:** Seegang.
filer (fam.): abhauen; hier: entwischen.
13 **s'amarrer:** festmachen.
14 **le voilier:** Segler, Segelboot.
15 **faire défaut:** fehlen.

Un sourire effaça les rides du contrebandier.

– Pas besoin d'affûter les rabots, il existe déjà! N'entreprenez rien pendant mon absence. Laissez-moi deux semaines, et je serai de retour avec l'homme et le matériel qui régleront l'ensemble de nos problèmes.

Puebla s'embarqua sur le vapeur de Granville dès le lendemain, lesté d'un sac de marin et de quelques billets destinés à payer les malles-poste, plus rapides que les lignes régulières de voyageurs, ainsi que les aubergistes bretons. Les douaniers affectés à la porte du continent étaient jeunes pour la plupart. Ils ne le connaissaient que de réputation, et le regardaient comme on le fait pour une vieillerie soudain exhumée d'un placard. L'un d'eux, plus dévoué à sa cause ou plus ambitieux, se dirigea vers lui en se présentant comme maréchal des Logis et Puebla comprit qu'il avait affaire à Mauny, le gabelou orphelin d'apostrophes. Il se laissa fouiller, on ausculta même sa canne

1 **la ride:** Falte, Runzel.
2 **affûter:** schärfen, schleifen.
le rabot: Hobel.
9 **la malle-poste / les malles-poste:** Postkutsche(n) (*la malle:* Kabinenkoffer).
11 **un/une aubergiste:** (Gast-)Wirt(in).
être affecté, e à qc: an etwas (einen Ort usw.) beordert, versetzt werden.
14 **la vieillerie:** meist *les vieilleries:* alter Plunder, Trödelkram.
14 f. **exhumer:** exhumieren, ausgraben.
15 **être dévoué, e:** ergeben sein.
18 **avoir affaire à qn:** mit jdm. zu tun haben.
19 **ausculter:** abhören, abhorchen.

torsadée. Il vit naître de l'envie au comptage des valeurs, et salua la maréchaussée depuis son siège surélevé tandis que le cocher fouettait les chevaux du service postal de Rennes. On changea de montures à Avranches puis à Antrain où l'où dormit. Une autre voiture partait à l'aube pour la cité des ducs de Bretagne et de là, après une journée de repos, de retrouvailles avec un capitaine qui l'avait sauvé d'une mort certaine au large de Valparaíso, il fila vers Vannes dont il atteignit les remparts avant que ne tombe le soir sur le quatrième jour. Le reste du chemin, il avait décidé de l'effectuer à pied en longeant tout d'abord les eaux douces de la rivière Noyalo qui partageaient en deux cette partie du golfe du Morbihan, puis en bifurquant vers la presqu'île de Séné, terme de son voyage. Des haies tremblantes d'ajoncs séparaient le sentier des baules, ces prairies inondables couleur d'argile sur lesquelles paludiers et sauniers

1 **le comptage:** Zählen, Zählung.
2 **la maréchaussée:** Gendarmerie.
2f. **surélevé, e:** erhöht.
3 **le cocher:** Kutscher (*le coche:* Kutsche).
4 **la monture:** Reittier, Reitpferd.
9 **au large de:** vor der Küste von.
12 **longer qc:** an etwas entlanggehen.
15 **bifurquer:** sich gabeln; hier: abbiegen.
16 **un ajonc:** Stechginster.
17 **la baule** (rég.): überschwemmungsgefährdete Ebene (im Folgenden erklärt).
inondable: überschwemmungsgefährdet.
18 **une argile:** Ton, Lehm.
le paludier / le saunier: Salzwerker; Arbeiter im Salzmoor mit z. T. unterschiedlichen Aufgaben.

prélevaient la fleur de sel. Il en croisa quelques-uns qui ratissaient la fine couche liquide à l'aide du las et le regardèrent par en dessous tout en confortant leur tas nacré sur le trémet. Tout inconnu est une menace. Pour ces culs-salés, la vie avait le même attrait qu'a la saumure pour une plaie, et de tout temps on échappait à la misère au moyen de la contrebande. Ici, la méfiance était une seconde nature. Dans ce pays de marais, de vasières, de canaux, de rivières incertaines, la fraude devait disposer d'embarcations accordées au paysage et à ses éléments. Des générations s'étaient relayées pour mettre au point une chaloupe non pontée dont des dizaines d'exemplaires sillonnaient le golfe et la baie de Quiberon. Yann Le Bris appartenait à cette lignée, et c'est à sa porte que Pue-

1 **prélever:** entnehmen.
la fleur de sel: abgeschöpftes Meersalz; Salz höchster Qualitätsstufe.
2 **ratisser:** harken, rechen.
le las: Salzrechen; auch: *la rabale*.
3 **regarder qn par en dessous** (fig.): jdm. nicht offen in die Augen sehen.
4 **nacré, e:** perlmuttartig.
le trémet: Plattform, auf der das Salz zur Lagerung aufgehäuft wird.
5 **le cul-salé** (rég.): etwa: Salzwerker.
un attrait: Verlockung, Reiz.
6 **la saumure:** (Salz-)Lake.
9 **la vasière:** Meerwasserbassin eines Salzmoors.
12 **se relayer:** sich abwechseln, sich ablösen.
la chaloupe: Boot, Schaluppe.
13 **non ponté, e:** ohne Deck (*ponter un bateau:* ein Schiff mit einem Deck versehen).
13 f. **sillonner:** durchziehen, durchfurchen.
15 **la lignée:** Familiengeschlecht, Dynastie.

bla était venu frapper. À bord de son sinago, coque en bois noir et voilure rouge, il braconnait dans les parcs ostréicoles, emplissait des sacs de sel et transportait toutes les marchandises dont la différence de taxation, d'une province à une autre, procurait un bénéfice. Il parlait surtout le vannetais mais avait fait l'effort d'acquérir le français. Au-dessus de l'entrée de sa masure, un cadran solaire hérité de son père évoquait l'implacable enchaînement des heures, en latin: «*Omnes vulnerant, ultima necat.*» Toutes blessent, la dernière tue. Puebla s'avança dans la pièce au sol battu. Une femme attisait le feu, courbée devant la cheminée. Yann Le Bris, un homme d'une cinquantaine d'années, râblé, visage rond et sanguin, désigna le banc à l'arrivant.

– Comme ça, tu es encore en vie, vieille carne! Je ne croyais jamais te revoir ... Quand je t'ai laissé devant

1 **le sinago:** kleines bretonisches Fischerboot aus Séné mit charakteristischem Aussehen, siehe Beschreibung im Text.
la coque: hier: Schiffsrumpf.
2 **braconner:** wildern; hier: Fischwilderei begehen.
3 **le parc ostréicole:** Austernbank.
5 **procurer:** verschaffen.
6 **vannetais:** Adjektiv zu Vannes, Stadt in der Bretagne, in der ein Dialekt der bretonischen Sprache gesprochen wird.
8 **la masure:** baufälliges Haus, Baracke.
le cadran solaire: Sonnenuhr.
9 **implacable:** unerbittlich.
12 **le sol battu:** gestampfter (Lehm-)Boden.
attiser: anfachen, schüren.
14 **râblé, e:** stämmig, untersetzt, vierschrötig.
sanguin, e: blut…; hier: rot, gerötet.
14f. **désigner:** bezeichnen; hier: weisen auf.
16 **la carne** (fam.): zähes Fleisch; hier: Ekelpaket.

Bayonne, tu étais en mauvaise compagnie. Les Guipúzcoans ne t'ont pas fait danser sous la grande hune?

Ce n'était pas son meilleur souvenir. Puebla sentait encore le rêche de la corde sur sa gorge, et il l'effaça d'un geste de la main. Il prit place et serra ses doigts autour du verre empli de vin.

– Je suis venu te proposer une affaire, de l'autre côté des terres, au large de Bréhat …

Il surprit la lueur d'intérêt dans le regard que la femme lança à un Le Bris faussement indifférent.

– Je ne vois pas ce que j'irais chercher à l'autre bout du monde, il y a bien assez de travail par ici.

– Il y a du travail, c'est vrai mais il faut le payer cher. Je me suis laissé dire que la caserne des Quatre-Vents était pleine à craquer, qu'ils étaient plus de cent douaniers dans le cantonnement et le double encore sur tout le périmètre de la Petite Mer … Les bicornes sont plus nombreux que les récifs, et pas moins dangereux … En remontant le long du port, j'ai vu des bateaux sérieusement amochés, preuve qu'ils n'hésitent pas à vous tirer au pierrier. Ils t'ont déjà pris pour ciblc?

1f. **le Guipúzcoan:** Bewohner der baskischen Provinz Guipúzcoa.
2 **la hune:** Mastkorb; auch: Mars.
4 **le rêche:** Rauheit, Härte (*rêche:* rau, hart, spröde).
9 **surprendre qc:** hier: etwas bemerken, wahrnehmen.
la lueur: Aufblitzen, Schimmer.
15 **plein, e à craquer:** zum Bersten voll, brechend voll.
16 **le cantonnement:** Unterbringung; Quartier.
17 **le périmètre:** Umfang; hier (fig.): Umkreis.
19 **le long de** (loc. prép.): (immer) längs, (immer) entlang.
20 **amocher:** demolieren, ramponieren.
21 **le pierrier:** Steinhaufen; hier: kleine Küstenbatterie.

Le contrebandier dut en convenir.

– Ils ne choisissent plus leurs nouvelles recrues chez les gars du pays, ce sont presque tous des gens qu'ils font monter de Paris. Avant, on se parlait … Maintenant, c'est la guerre. Et toi, qu'est-ce que tu trafiques du côté de Bréhat?

La question avait valeur d'engagement. Au cours de la soirée, Puebla lui expliqua ce qu'on exigerait de lui sans masquer les difficultés qui l'attendaient. Les guetteurs du Cotentin étaient sur le qui-vive, plus rien ne passait, et les moindres tentatives se soldaient par des arrestations massives.

– On a tout essayé, pris tous les risques: appareillage par nuit sans lune, dans la brume épaisse, le brouillard glaçant, par vent de terre ou marée de morte-eau. Rien n'y fait, la maréchaussée est chaque fois au rendez-vous. Il nous faut délaisser les ports normands, nous diriger vers l'Armor, atteindre la pointe de l'Arcouest, les criques de Perros-Guirec.

Le Bris bourra sa pipe, se la ficha entre les dents et l'alluma tout en parlant.

1 **convenir de qc:** etwas vereinbaren.
3 **le gars** (fam.): Bursche, Kerl.
7 **la question avait valeur d'engagement:** etwa: mit dieser Frage war er schon so gut wie eingestellt.
10 **le guetteur:** Beobachtungsposten, Späher (*guetter:* lauern).
être sur le qui-vive: auf der Hut sein, aufpassen.
11 **se solder par qc:** mit etwas abschließen, mit etwas enden.
13f. **un appareillage:** Auslaufen (*appareiller:* ablegen, auslaufen).
16 **la morte-eau:** Nippflut, Zeit der wenig steigenden Flut.
17 **délaisser qc:** etwas im Stich lassen, etwas aufgeben.
20 **bourrer qc:** etwas stopfen.
ficher qc: etwas machen, tun; hier: etwas stecken.

– Pour aller de Saint-Pierre-Port à Bréhat, dis-moi si je me trompe, on pique droit sur les Douvres, non?

Puebla acquiesça.

– On les a plein nez, et c'est pour ça que j'ai besoin de toi et de ton sinago. Si les garde-côtes te prennent en chasse, tu peux naviguer tellement près des rochers que même le plus intrépide de ces vautours se signera pour faire descendre sur toi la protection de la Vierge! Ils amèneront les voiles comme on met chapeau bas devant un seigneur.

Le jour se levait sur le miroir salin des marais, les sternes, les goélands et les mouettes sillonnaient à nouveau le ciel orangé quand Le Bris se décida à conclure leur contrat tacite.

– Il n'y a qu'une denrée que je n'accepte pas de monter à bord: la fausse monnaie. La mise est trop élevée. Pour tout le reste, je suis ton homme, Puebla. Il faut simplement que tu me dises ce que je mets dans mes cales et comment se fait le partage.

Le vieil homme délaissa sa canne et s'aida du bord

2 **piquer sur qc:** auf etwas stoßen.
3 **acquiescer:** zustimmen.
5 **le garde-côte(s):** Küstenwachboot.
7 **intrépide:** unerschrocken.
7f. **se signer:** sich bekreuzigen.
9f. **mettre chapeau bas:** (respektvoll) den Hut ziehen.
11 **salin:** salzhaltig, Salz…
le marais: Sumpf, Moor.
12 **la sterne:** Seeschwalbe.
le goéland: (Silber-)Möwe.
la mouette: Möwe.
14 **tacite:** stillschweigend.
15 **la denrée:** Ware.

de la table pour progresser jusqu'à la cheminée où une bûche finissait de se consumer.

– Nous ne sommes que trois à partager le secret: le Chef dont il m'est impossible de te révéler l'identité, un proscrit du nom d'Allix qui tue son temps de relégation à observer la démarche parallèle des escargots, et enfin moi. La marchandise a le poids exact de la fausse monnaie mais ça n'en est pas, elle vaut davantage que l'or et est beaucoup plus explosive que la poudre … C'est tout ce qu'il t'est donné de savoir. Sur le chemin, on m'a confié qu'en pays de Vannes et de Lorient la coutume était d'abandonner un tiers du chargement au passeur. J'ai obtenu qu'on aille jusqu'aux quatre dixièmes qui te seront comptés au moment du débarquement réussi.

Puebla plongea une main dans la poche de son vêtement pour saisir la liasse dont il détacha lentement trois billets devant le regard fiévreux du contrebandier. Il les lui tendit, décourageant toute velléité de marchandage.

– Ceci te dédommagera du voyage vers Saint-

2 **la bûche:** Holzscheit.
se consumer: sich verzehren; hier: herunterbrennen.
5 **le proscrit / la proscrite:** Geächtete(r), Verbannte(r).
5f. **la relégation** (hist.): Verbannung.
6 **la demarche:** Gang.
11 **confier qc à qn:** jdm. etwas anvertrauen.
17 **la liasse:** Bündel, Stoß.
18 **fiévreux, -euse:** fiebrig, fieberhaft.
19 **la velléité:** Anwandlung.
20 **le marchandage:** Feilschen.
21 **dédommager:** entschädigen.

Pierre-Port comme du retour ... Vérifie ton matériel et procure-toi des vivres pour une semaine, nous partirons demain au premier cri de mouette.

Toute la journée ainsi qu'une partie de la nuit, une pluie si fine qu'elle ne marquait pas la surface de l'eau avait trempé le paysage, alourdi les voiles rouges du sinago. Au petit matin, alors qu'ils appareillaient, un vent de nord s'était levé, avalant l'humidité. Ils doublèrent la pointe d'Arradon et filèrent sous la brise entre l'île d'Arz et l'île aux Moines avant de suivre les promontoires rocheux de la presqu'île de Rhuys jusqu'au goulet de Port-Navalo. Le Bris reconnaissait les navires à leur silhouette, au premier coup d'œil, saluait les équipages.

– Tiens, regarde, c'est *L'Impériale*, le dundee de Jean Prévédal ... Il est armé au thon et retourne à Concarneau. Et là-bas, en route pour Sauzon, c'est la gabare de Reybaut. J'ai navigué dessus pendant toute une campagne. Elle a été construite par un des meilleurs armateurs de Bretagne, le père Keraudren, dans les chantiers de Quelern. Les Vendéens lui ont volé le coup de crayon pour leurs Gazelles des Sables!

L'intérêt qu'il portait aux constructeurs n'était pas

2 **les vivres** (f., pl.): Lebensmittel.
6 **tremper qc:** etwas tränken, durchnässen.
alourdir: schwer(er) machen.
11 **le promontoire:** Kap, Landspitze.
12 **le goulet:** enge Hafenzufahrt.
15 **le dundee:** kleiner Zweimaster, speziell zum Fischfang geeignet.
18 **la gabare:** Lastkahn, Schute.
20 **un armateur:** Reeder.
22 **le coup de crayon:** Bleistiftstrich.

feint. Il avait lui-même dessiné les plans de son voilier, choisi les arbres de la coque et des mâts dans la forêt de Brocéliande, cousu et teint au cachou les deux grands-voiles rectangulaires, poli le bois dur du gouvernail.

Ils ne quittèrent jamais les côtes des yeux et se relayèrent à la manœuvre, ne s'accordant que quelques heures de mouillage dans les criques abritées de Bénodel puis de Lannilis, de part et d'autre des fins de terres. Au quatrième jour, ils furent en vue de Trébeurden. Puebla dirigea le sinago entre les rochers roses affleurant et vint accoster à l'écart du port de l'île Grande, près d'une falaise de granit qu'attaquaient les scies des carriers.

– Tu vois l'amas de pierres au bout de ce chemin? Les gens d'ici l'ont baptisé le Corps de Garde. Le 15 de ce mois, à la nuit noire, j'agiterai une lampe de tempête depuis son sommet et tu te laisseras dériver jusqu'à la grève de Pors-Gwen. D'ici là, j'aurais eu le temps de rencontrer certains de nos solides amis et

1 **feindre qc:** etwas heucheln.
3 **la forêt de Brocéliande:** geographische Angabe sowie literarische Anspielung als Schauplatz der mittelalterlichen Romane von Artus und den Rittern der Tafelrunde.
le cachou: (dunkelbraune) Hustenpastille, Katechu (Akazienart, die als Heilkraut verwendet wird).
4 **la grand-voile:** Großsegel.
5 **le gouvernail:** Ruder.
9 **de part et d'autre:** auf beiden Seiten, dies- und jenseits von.
12 **à l'écart de** (loc. adv.): abseits von.
14 **le carrier:** Steinbrucharbeiter (*la carrière:* Steinbruch).
15 **un amas:** Haufen.
19 **la grève:** hier: (Sand-, Kies-)Strand.

tout sera en place pour emmener le chargement vers Paris. Tu as bien retenu ce que tu dois faire dès ton arrivée à Saint-Pierre-Port?

– Je te l'ai récité cent fois! Je demande Allix l'escargoteur, à l'auberge de la rue des Cornets, et je le suis sur la lande où il me remettra les deux coffres que je transporterai jusqu'ici … On a bien dit les quatre dixièmes?

Le front de Puebla se creusa de mille rides.

– Pourquoi reviens-tu là-dessus? Je n'ai jamais trahi ma parole …

Le Bris donna un coup de talon sur le fond de cale de sa chaloupe.

– Entre l'enfer et moi, il n'y a que cette planche … Un dixième de plus, c'est beaucoup, mais ce n'est pas de trop.

Il se retourna, hissa la plus grande des deux voiles rectangulaires et gagna la haute mer. Une fine bisquine des douanes, dissimulée derrière un îlot noirâtre, fondit sur lui et l'arraisonna en limite des eaux anglaises. Il les avait vus se préparer, comme à l'exercice, et aurait facilement pu leur échapper. Il fit semblant de prendre du vent, d'organiser leur poursuite sans même qu'ils s'en rendent compte, pour mieux se mettre à leur disposition aux premières sommations,

6 **la lande:** Heideland.
9 **se creuser:** einsinken.
17 **hisser:** hochziehen, hissen.
18f. **la bisquine:** Fischerboot mit großer Segelfläche.
19f. **noirâtre:** schwärzlich.
20 **arraisonner:** anhalten und durchsuchen.
25 **la sommation:** Aufforderung.

à quelques miles de son point de fuite. La chasse vite interrompue avait aiguisé l'appétit des gabelous et leur déception n'en fut que plus intense. Il dormit en mer devant les brisants du Tas de Pois d'Aval pour ne débarquer au Havelet qu'au petit jour alors que les pêcheurs vérifiaient leurs filets et préparaient leurs casiers. En ville, l'aubergiste n'avait pas encore soulevé de leurs encoches les panneaux de bois qui obturaient les fenêtres de la salle du bas. Le marin s'installa sur le banc de pierre qui courait le long de la façade et attendit en fumant des pipes. Si les passants le dévisageaient, il le leur rendait bien. Il sut qu'il avait trouvé son homme quand un escogriffe habillé d'un complet avachi et d'une redingote fripée, les cheveux raides et ternes dépassant d'un chapeau en forme de tuyau, apparut au milieu du raidillon, les mains retournées comme on le voit sur certaines représentations du Christ, un escargot gris alangui dans chaque paume.

1 **le mile** (angl.): Meile.
2 **aiguiser:** wetzen, schärfen (hier: fig.).
4 **le brisant:** Klippe, Riff.
6f. **le casier:** hier: Reuse.
8 **une encoche:** Kerbe, Einkerbung.
obturer: verschließen.
11f. **dévisager:** anstarren.
13 **un escogriffe:** großer schlaksiger Kerl.
14 **avachi, e:** ausgebeult.
la redingote (hist.): Gehrock.
fripé, e: zerknittert, zerknautscht.
15 **terne:** glanzlos, matt.
16 **le raidillon:** steiler Weg, steiler Pfad.
18 **alangui, e:** müde, matt, träge.
la paume: Handfläche.

Le Bris marcha vers lui et le salua d'un simple mouvement de la tête. Le proscrit lui répondit par un large sourire qui découvrit deux rangées de dents déchaussées.

– Vous êtes l'envoyé de Puebla, n'est-ce pas … Quand on observe les mouvements de leurs cornes, que l'on ressent leur tressaillement, l'écoulement de leur fluide, c'est comme si l'événement s'était déjà produit. Ils le savaient et me l'avaient dit. Je vous emmène?

Le Bris se plaça dans son sillage, à quelques mètres de distance, de crainte de manifester trop de familiarité avec l'original, aux yeux des habitants qu'ils croisaient. Parvenu devant la maison basse cachée par les ajoncs, Allix posa délicatement ses deux gastéropodes au creux d'un lit d'herbe et engagea une clef dans la serrure. La lumière du jour se posa sur deux coffres de bois, de cuir et de tissu épais, dont les couvercles étaient tenus fermés par des cadenas neufs et imposants. Ils les chargèrent et les assujettirent au moyen de cordes sur une charrette à deux roues à laquelle ils s'attelèrent avant d'emprunter un sentier étroit qui

4 **déchaussé, e:** ohne Schuhe; hier: mit freiliegendem Zahnhals.
7 **le tressaillement:** Zusammenzucken.
un écoulement: Abfluss; Ausfluss.
13 **un original:** hier: Unikum, Sonderling.
16 **le creux:** Vertiefung, Mulde.
engager qc: hier: etwas hineinstecken.
19 **le cadenas:** Vorhängeschloss.
20 **assujettir:** unterwerfen; hier: festmachen.
21 **la charrette:** Karren, Wagen.
22 **s'atteler à qc:** sich gründlich mit etwas befassen.

menait au Havelet. On vint les aider pour les transborder sur le sinago et Le Bris s'en étonna auprès d'Allix qui haussa les épaules.

– Les Anglais se contrefichent de notre contrebande. Ils laissent faire, ils n'y comprennent rien. C'est en face que ça gêne. Sur le continent …

Le sinago déploya ses voiles pour gagner l'abri des esquifs des Hanois. Dans l'ombre du phare, Le Bris passa la journée à scruter les moindres pièces de son bâtiment et la nuit à dormir, enroulé dans une couverture, entre les deux coffres. Il s'élança au premier rougeoiement du soleil tandis qu'un vent de petite force se levait à l'ouest. La chaloupe glissait sur une eau presque dépourvue d'écume. La première partie du voyage se déroula sans encombre. Les choses se gâtèrent en vue des Douvres où deux pataches hérissées de bicornes s'étaient mises en embuscade. Le contrebandier se dirigea droit sur les pitons marins protégés par plusieurs lignes de roches coupantes comme le rasoir, pointues comme des lances et se

1f. **transborder:** umladen.
4 **se contreficher de qc** (fam.): auf etwas pfeifen.
7 **déployer qc:** etwas entfalten.
un abri: Schutzdach; (fig.) Schutz.
8 **un esquif:** schlankes Boot.
10 **le bâtiment:** hier: großes Schiff.
11 **s'élancer:** sich stürzen; hier: abrupt aufstehen.
12 **le rougeoiement:** Röte.
15 **sans encombre** (loc. adv.): unbehindert, ohne Zwischenfälle.
15f. **se gâter:** sich verschlechtern.
16 **la patache:** kleines Patrouillenboot.
17 **une embuscade:** Hinterhalt.

faufila entre les dangers mortels pour la coque avec l'aisance d'un duelliste, la grâce d'une danseuse orientale. Sur les lourdes embarcations des douaniers tenues à distance, les canonniers ajustèrent leurs tirs. Les premières salves creusèrent des cratères vite engloutis par l'océan, puis ce fut le granit noir qui partit en éclats tout alentour. Le faible tirant d'eau du sinago, sa voilure mobile permettaient toutes les audaces et Le Bris dirigeait son étrave là où le meilleur des navigateurs aurait perdu une barque. Il traversa le récif tandis que ses poursuivants étaient contraints d'en faire le tour et mit toute la voile dès qu'il fut sur les hauts-fonds. La nuit le trouva devant les falaises roses de Ploumanach dont les découpes, en ombres chinoises sur un quart de lune, déroulaient tout un bestiaire fantasmagorique, des silhouettes d'autant plus inquiétantes qu'elles étaient immobiles. Il fut bientôt en vue du Corps de Garde de l'île Grande et mouilla au droit de la carrière marine jusqu'à ce qu'il dis-

2 **une aisance:** Leichtigkeit, Gewandtheit.
4 **ajuster qc:** etwas einstellen, anpassen.
5 **creuser qc:** etwas graben, bohren, aushöhlen.
le cratère: Krater.
5f. **engloutir qc:** etwas verschlingen.
7 **un éclat:** Splitter.
tout alentour (adv.): ringsum, ringsumher.
8 **une audace:** Wagemut.
9 **une étrave:** Vordersteven, Bug.
11f. **faire le tour de qc:** um etwas herumgehen, herumfahren.
14 **la découpe:** Zerschneiden; hier: Formation, Profil.
14f. **une ombre chinoise:** Schattenspiel.
16 **le bestiaire:** Tierbuch, Bestiarium.
fantasmagorique: geisterhaft.

tingue, trente mètres au-dessus des flots, la lumière du fanal. Il sortit la rame pour s'approcher des coupes dans la pierre, s'amarrer au montant d'un palan. Puebla était là, enveloppé dans une cape sombre d'où pointait sa canne torsadée. Les quatre hommes silencieux qui l'accompagnaient grimpèrent à bord pour se saisir des coffres. Ils les portèrent à travers la lande jusqu'à un dolmen, une allée couverte, où attendait une voiture tirée par deux chevaux. L'ancien flibustier s'agenouilla pour libérer les serrures. La lampe que tenait Le Bris éclaira des rangées de paquets gris de la taille d'une brique. Les six dixièmes passèrent de main en main pour finir par alourdir la malle arrière du coche. Puebla grimpa sur le marchepied, se saisit des rênes, du fouet tandis que ses complices prenaient place à l'intérieur.

– Il ne faut pas que l'on s'attarde: la marée va monter et nous interdire le passage du gué …

Le Bris les regarda s'éloigner, puis il s'accroupit à son tour pour prendre l'un des paquets et en déchirer

2 **le fanal:** Schiffslaterne.
la coupe: hier: Einschnitt.
3 **le palan:** Flaschenzug; (mar.) Talje.
4 **la cape:** Umhang, Cape.
6 **grimper:** klettern.
8 **le dolmen:** Dolmen; Hinkelstein.
9f. **le flibustier:** Freibeuter.
11 **la rangée:** Reihe.
14 **le marchepied:** Trittbrett.
15 **la rêne:** Zügel.
le fouet: Peitsche.
18 **le gué:** Furt.

l'enveloppe cartonnée. Une dizaine de petits blocs de couleur marron clair tombèrent sur le sol humide. Il en ramassa un et s'aperçut qu'il tenait un livre d'un format minuscule, la moitié d'un missel ... Il le retourna mais la couverture tout autant que le verso et la tranche étaient muets. Interloqué, nerveux, il feuilleta l'ouvrage et lut l'indication portée en petits caractères sur la page de garde: «Genève et New York, 1853, Imprimerie Universelle, Saint-Hélier, Dorset Street, 19.» Un titre en capitales barrait la page suivante: *CHÂTIMENTS*. Il l'ouvrit au hasard dans la clarté blafarde:

4 **le missel:** Messbuch, Gebetbuch.
5 **le verso:** Rückseite.
6 **la tranche:** hier: Schnitt.
muet, te: stumm.
interloqué, e: verdutzt, verblüfft.
8 **la page de garde:** Vorsatzblatt.
10 **barrer qc:** etwas sperren; hier: quer über etwas verlaufen.
11 **«Châtiments»:** Titel eines berühmten satirischen Gedichtzyklus von Victor Hugo (1802–85), (*le châtiment:* Bestrafung). Das Werk entstand im Exil in Jersey und erschien 1853. Hugo gilt als einer der profiliertesten und einflussreichsten Autoren des 19. Jahrhunderts. Nach dem Staatsstreich Napoleons III. im Dezember 1851 muss Victor Hugo wegen seines Engagements für die Freiheit und gegen soziale Ungleichheiten ins Exil fliehen. Von dort richtet er seine scharfe Kritik an den zweiten Kaiser der Franzosen (Reg. 1852–70). In *Châtiments* macht er ihn zu »Napoléon le Petit«, zum Prototypen des Tyrannen. Hugos scharfzüngige »muse d'indignation« wird allerdings zugleich von hoher Hoffnung beflügelt, wird zum Träger des »ange Liberté«, dem zentralen Begriff seines politischen wie literarischen Kampfes, auf den der Titel dieser Novelle anspielt.
12 **blafard, e:** fahl, bleich.

Ceux qui vivent, ce sont ceux qui luttent; ce sont
Ceux dont un dessein ferme emplit l'âme et le front,
Ceux qui d'un haut destin gravissent l'âpre cime,
Ceux qui marchent pensifs, épris d'un but sublime,
Ayant devant les yeux sans cesse, nuit et jour,
Ou quelque saint labeur ou quelque grand amour.

*

Une semaine plus tard, après avoir déposé l'édition clandestine des *Châtiments* dans une dizaine de librairies parisiennes que la police et les mouchards de Napoléon III n'avaient pas repérées, Puebla fêtait son retour à Guernesey. L'auberge de la rue des Cornets était pleine de proscrits, d'exilés. L'homme qui se tenait rencogné dans l'ombre, le visage auréolé de cheveux gris, l'écoutait raconter les détails de son expédition. Quand il en arriva à l'épisode du dolmen, Victor Hugo s'esclaffa et, comme pour s'excuser, il eut ce mot:

– *Je contemple mon temps; j'en ai le droit, je pense,*
Souffrir étant mon lot, rire est ma récompense.

2 **le dessein:** Plan, Vorhaben.
3 **gravir:** erklimmen, ersteigen.
âpre: herb, bitter.
la cime: Wipfel, Krone.
4 **pensif, -ive:** nachdenklich, gedankenvoll.
épris, e: ergriffen.
sublime: erhaben.
5 **sans cesse** (loc. adv.): unaufhörlich, rastlos.
6 **le labeur:** mühsame Arbeit.
9 **le mouchard / la moucharde:** Spitzel.
13 **rencogné, e:** in eine Ecke gedrückt.
16 **s'esclaffer:** laut auflachen.
18 **le lot** (litt.): Los.

La première de *Nadine*

Maxime Lisbonne n'avait pas réussi à trouver le sommeil de toute la nuit. Chacun des mots de Louise agitait ses lèvres, il ne cessait de se retourner dans le lit, se drapant dans la fine couverture comme un comédien outragé. Quelquefois une phrase sonnait dans le silence de la pièce, et Rosalie posait une main sur son épaule pour l'apaiser. Il n'avait pas fini de la remercier que déjà le tourbillon de la soirée précédente l'entraînait à nouveau. La ronde des visages amis, les encouragements, les applaudissements, les cris, les heurts, les protestations pour faire libérer ceux que l'on emmenait vers les fourgons, coupables d'avoir lancé des mots interdits ... Tout défilait devant ses

2 **Maxime Lisbonne:** Anarchist und Communard. Er ist wie alle Personen in dieser Erzählung historisch (1839–1905); Daeninckx erfindet auch einen fiktiven Nachfahren dieser wenig bekannten aber bemerkenswerten Gestalt, die in einigen seiner späteren Werke u. a. als Ich-Erzähler auftaucht.

3f. **les mots agitent ses lèvres:** hier: er muss unwillkürlich die Worte wiederholen (*agiter qc:* etwas schwenken, etwas bewegen).

5 **se draper:** sich einhüllen.

6 **outragé, e:** beleidigt, gekränkt.

8 **apaiser qn:** jdn. beruhigen.

9 **le tourbillon:** Luftwirbel, Strudel; hier (fig.): Trubel.

12 **le heurt:** Reiberei, Zusammenstoß.

13 **le fourgon:** geschlossener Lastwagen; hier: geschlossener Wagen für Gefangene.

14 **défiler:** vorbeiziehen.

yeux avec une précision incroyable. Il tendait le bras pour saisir la main de Vallès, de Clément, soulevait le torse pour embrasser Pyat ou Lucipia, souriait à Séverine. Il se leva alors que les premières charrettes venues des Halles gravissaient les rues du faubourg, chargées de fruits et de légumes, de viande et de poisson, pour aller nourrir les multitudes des banlieues. La balle qui lui avait fracassé le fémur douze années plus tôt, place du Château-d'Eau, alors qu'il défendait l'une des dernières barricades de la Commune, se rappela à son souvenir. Il s'appuya au dossier d'une chaise, le temps que la douleur reflue, puis il se saisit de sa canne. Il traversa la chambre, repoussa les feuillets manuscrits de ses Mémoires étalés sur la table de la cuisine pour boire un bol de soupe tiède. Son regard s'attarda sur les lignes qu'il avait corrigées en rentrant du théâtre, porté par la fièvre des retrouvailles avec tant d'anciens proscrits.

3 **le torse:** Oberkörper.
4 **la charrette:** Karren, Wagen.
5 **les Halles** (hist.): Markthalle(n).
gravir: erklimmen; hier: hochfahren.
le faubourg: Vorstadt.
6 **chargé, e de:** beladen mit.
8 **fracasser qc:** etwas zerschmettern.
le fémur: Oberschenkelknochen.
11 **le dossier:** Rückenlehne.
12 **refluer:** zurückfließen.
13f. **le feuillet:** Blatt (Papier).
14 **étaler:** ausbreiten.
16 **s'attarder sur qc:** bei etwas verweilen.
18 **le proscrit / la proscrite:** Geächtete(r), Verbannte(r).

Après huit années de bagne je revois la capitale. Salut à toi, Paris! ville des martyrs qui as vu couler le sang le plus pur et le plus généreux. Les huit années de tortures que j'ai endurées n'ont fait que rendre plus vif et plus entier mon dévouement à ta cause. C'est au milieu des amertumes de l'exil que j'ai mieux compris combien tu étais grand. Je ne veux rapporter dans tes murs aucun sentiment de haine et de vengeance.

Il trempa la plume dans l'encrier pour ajouter, d'un trait:

Pardonner n'est pas possible après les injures dont nous avons été abreuvés, mais il est un sacrifice que du moins je saurai te faire. J'oublierai!

Malgré sa claudication qui lui rendait pénibles les longues marches, il ne pouvait se passer des traversées de la ville. Elle était là, comme un grand livre ouvert, chaque quartier figurant un chapitre, chaque rue numérotée à la manière d'une page, chaque maison évoquant le relief d'une lettre de plomb, entre les

1 **le bagne:** Zuchthaus.
4 **endurer:** ertragen, aushalten.
5 **le dévouement:** Hingabe.
6 **une amertume:** Bitterkeit, Verbitterung.
8 **la vengeance:** Rache.
9 **tremper qc dans qc:** etwas in etwas tränken, eintauchen.
un encrier: Tintenfass.
12 **abreuver qn de qc** (fig.): jdn. mit etwas überschütten (*abreuver:* tränken).
14 **la claudication:** Hinken.

doigts du typographe. La moindre façade gardait, dans sa mémoire, l'empreinte de l'ombre d'un ami disparu, les silhouettes vacillantes des femmes lui rappelaient ces Jeanne aux mains noircies par la poudre et les pavés. Marchant dans Paris, il lisait sa vie sur les pierres, ses rêves foudroyés, les amitiés sauvées du désastre. L'un de ses compagnons du bagne de la presqu'île Ducos, près de Nouméa, possédait une petite voiture rouge tirée par un cheval, le tout acheté au duc de Brunswick. Lisbonne prenait place sur le siège près du cocher qui, à l'occasion, se déguisait en forçat, la cheville rendue solidaire de l'attelage par une forte chaîne.

La masse sombre, désespérante de la prison Saint-Lazare occupait tout le périmètre qui faisait face aux gares du Nord et de l'Est, et du fond de leurs cellules les prisonnières entendaient les sifflets enjoués des trains en partance pour les destinations lointaines. Lisbonne posa le sac de victuailles par terre, appuya sa canne en équilibre contre le mur charbonné de

1 **le typographe:** Schriftsetzer.
2 **une empreinte:** Abdruck, Prägung.
3 **vacillant, e:** schwankend, wankend.
4 f. **le pavé:** Straßenpflaster.
6 **foudroyé, e:** vom Blitz erschlagen; hier: niedergeschmettert.
11 **le cocher:** Kutscher.
le forçat: Zuchthäusler.
12 **la cheville:** Fußknöchel.
un attelage: (Pferde-)Gespann.
15 **le périmètre:** Umfang; hier (fig.): Umkreis.
17 **enjoué, e:** fröhlich, unbeschwert.
19 **les victuailles** (f., pl.): Lebensmittel; Proviant.
20 **charbonné, e:** schwarz (angemalt).

l'ancienne mission des lazaristes. Deux voitures aux fenêtres obscurcies déchargeaient une cohorte de filles raflées aux barrières tandis qu'il sortait son permis de visite de sa poche de redingote. L'une d'elles chantait sur un air lent et langoureux. Il reconnut la *Complainte du condamné à mort*:

C'est dans la rue du Mail
Où j'ai été coltigé,
Maluré,
Par trois coquins de railles,
Lirlonfa malurette,
Sur mes sique' ont foncé,
Lirlonfa maluré.

Un gardien le conduisit le long d'interminables corridors jusqu'à l'infirmerie spéciale où le directeur avait fait aménager un parloir assez vaste pour recevoir les familles des emprisonnées. Louise se tenait debout

1 **le lazariste:** Ordensbruder des Missionsordens Hl. Lazarus (*Saint-Lazare*).
2 **obscurci, e:** verdunkelt.
la cohorte: Trupp, Gruppe.
3 **rafler:** zusammentreiben.
4 **la redingote** (hist.): Gehrock.
5 **langoureux, -euse:** schmachtend, schmalzig.
8 **coltiger qn** (arg.): jdn. verhaften.
9 **maluré, malurette:** liedspezifische Füllsilben ohne selbständige Wortbedeutung (vgl. 11. und 13. Zeile *Lirlonfa*).
10 **le/la raille** (arg.): Polizeispitzel, Polizist.
12 **les sique'** (arg.): Klamotten.
15 **une infirmerie:** Krankenabteilung.
16 **le parloir:** Besuchszimmer.

derrière la table, vêtue de noir, comme à son habitude, un châle mauve sur les épaules, les cheveux rassemblés en chignon. On l'avait condamnée, après une décennie de relégation en Calédonie, à six nouvelles années de prison pour avoir agité un drapeau noir devant une boulangerie lors d'une manifestation de 15 000 chômeurs, près des Invalides. Elle n'attendit pas qu'il ait fini d'installer les charcuteries, le poulet froid, sur une assiette pour le presser de questions.

– Dis-moi tout, Maxime … Comment cela s'est-il passé pour *Nadine*? Il y a eu du monde? Et les critiques, tu les as lues? Les compagnons étaient présents?

– Tu ne veux pas manger un morceau avant? C'est de première fraîcheur, tout vient de Montorgueil …

Elle mangeait déjà peu, d'habitude, partageait avec ses codétenues les largesses de ses amis, mais là il comprit qu'elle n'avalerait rien.

– Tu n'étais pas là, mais tu occupais tous les esprits … La salle était pleine à craquer. Cela faisait longtemps que les Bouffes-du-Nord n'avaient pas re-

3 **le chignon:** Haarknoten, Dutt.
4 **la décennie:** Jahrzehnt.
la relégation (hist.): Verbannung.
7 **(l'hôtel des) Invalides:** Pflegeheim für Kriegsinvalide in Paris; Grab Napoleons; heute auch: Armeemuseum.
16 **le codétenu / la codétenue:** Mitgefangene(r).
la largesse: Freigebigkeit, Großzügigkeit.
19 **plein, e à craquer:** zum Bersten voll, brechend voll.
20 **les Bouffes-du-Nord:** *le théâtre des Bouffes du Nord:* Theater italienischer Komödientradition in Paris, an dem »Nadine« uraufgeführt wurde (und unmittelbarer Konkurrent von *les Versaillais*, der in Versailles gegründeten *Comédie Française* französischer Tradition).

fusé autant d'amateurs ... Il n'y avait pas que des amis: des groupes de Versaillais avaient pris place à l'orchestre pour intimider les acteurs et, croyaient-ils, faire un sort à la pièce de Louise Michel. Dès qu'ils ont ouvert la bouche, une grêle de projectiles leur est tombée dessus, en provenance des galeries supérieures où se massait le peuple de Paris! Tout le monde a vite compris que la «République de Cracovie» où tu situes ta *Nadine* n'était que le masque transparent de notre Commune, que du fond de ta prison, tu parlais de nous tous. On criait «Vive Ferré», «Vive Varlin», on se battait pour empêcher les argousins d'appréhender les fidèles de la Sociale.

Elle l'interrompit.

– Henry était de la partie?

Une ombre passa sur les traits de Maxime Lisbonne à l'évocation du nom de Henry Bauer qu'il appréciait assez peu. À son retour du bagne, celui-ci était devenu l'un des critiques dramatiques les plus en vue, une plume féroce, respectée parce que

3 **intimider qn:** jdn. einschüchtern.
4 **faire un sort à qc** (fig.): etwas den Garaus machen.
5 **la grêle:** Hagel.
6 **en provenance de** (loc. prép.): aus; aus ... kommend.
7 **se masser:** sich versammeln, sich zusammendrängen.
12 **un argousin** (arg.): Polizist.
12 f. **appréhender qn:** jdn. festnehmen, jdn. dingfest machen.
13 **la Sociale:** kurz für *la Révolution Sociale*, eine politisch linke, sozialistische Bewegung, zu deren Vorkämpferinnen Louise Michel zählt.
20 **être en vue:** sehr bekannt sein.
féroce: wild; grausam, unerbittlich.

redoutée. Louise Michel, fille non reconnue d'un châtelain, avait de l'affection pour Bauer, enfant naturel d'un homme célèbre dont il affichait l'exact physique. Si Louise s'était laissée aller, adolescente, à signer Demahis de Vroncourt des poèmes qu'elle envoyait à «Monsieur Victor Hugo, de l'Académie française, Place Royale, Paris», jamais Bauer n'avait transgressé le tabou qui pesait sur sa naissance et signé «Henry Dumas» ses articles du *Réveil*.

Lisbonne déplia une feuille de papier.

– Oui, j'ai là un brouillon de son écho à paraître vendredi. Écoute: «L'autre soir, *Nadine* a triomphé sur le théâtre des ‹Bouffes-du-Nord›, cinq actes faits de lyrisme instantané, de constructions endiablées servies par la langue serrée d'une femme emmurée. Les lecteurs qui me suivent d'une attention fidèle comprendront ma joie en cette soirée. Les applaudissements d'un public chaleureux ont retenti bien audelà du quartier de la place de la Chapelle, et fait trembler les murs de Saint-Lazare derrière lesquels se

1 **redouté, e:** gefürchtet.
2 **le châtelain / la châtelaine:** Schlossherr(in).
3 **afficher qc:** etwas anschlagen, bekannt geben; hier: etwas herausstellen, zur Schau stellen.
8 **transgresser qc:** etwas übertreten; hier: etwas brechen.
14 **le lyrisme:** Lyrik; lyrischer, poetischer Ausdruck.
instantané, e: augenblicklich; hier: vom Augenblick geprägt.
endiablé, e: wild, leidenschaftlich.
15 **serré, e:** hier: scharf.
emmuré, e: eingemauert.
18 **retentir:** erschallen, widerhallen.
20f. **se morfondre:** sich langweilen; vor Ungeduld vergehen.

morfond Louise Michel. Ils ne sont pas encore tombés, mais cela ne saurait tarder.»

Elle piqua sa fourchette dans un morceau de rôti, le porta à sa bouche tandis qu'un gardien, les narines en éveil, allait et venait dans son dos en lorgnant sur les pâtés.

– Tu le remercieras pour moi, Lisbonne. On doit me transférer après-demain à Clermont, dans l'Oise. Je ne sais si je le reverrai avant mon départ. Qu'as-tu, je te sens triste tout à coup? Tu es contrarié parce qu'il ne parle pas de ta mise en scène?

Il prit une tranche de saucisson qu'il débarrassa de sa peau du bout de l'ongle.

– Quelle mise en scène? Il n'y en avait pas besoin, il suffisait de suivre ton texte. Non, je pensais à ce qui s'est passé à la fin de l'acte II ...

– La proclamation de la république de Cracovie?

Il sourit.

– Non, pas dans la pièce. Dans la salle ... J'étais dans les coulisses occupé à des milliers de choses, ces illusions qui font que le spectacle existe: la manœuvre des décors, le tombé des toiles peintes, l'intensité des éclairages, le maquillage des figurants, le crépitement

2 **cela ne saurait tarder:** es würde nicht mehr lange dauern.
4 **les narines** (f., pl.): Nüstern; hier: Nase.
5 **en éveil** (loc. adj.): wachsam, aufmerksam.
lorgner sur qc: auf etwas schielen.
10 **contrarié, e:** verhindert, durchkreuzt; hier: verstimmt.
20 **dans les coulisses:** hinter den Kulissen.
22 **le tombé:** das Fallen (eines Stoffes, Gewands).
23 **le figurant:** Statist.
le crépitement: Knistern, Prasseln.

de la grêle, le fracas du tonnerre, les râles des suppliciés dans le lointain … Je chargeais les fusils de balles à blanc, quand Armand, mon fils qui travaille aux omnibus, est venu me prévenir qu'il était dans la loge d'angle, côté jardin …

Louise laissa tomber ses couverts dans son assiette. Elle fixa intensément son visiteur. Sa voix traînante, aux accents paysans, résonna contre la pierre.

– Lui? Il est venu, tu es sûr … Cela fait des mois qu'on me dit qu'il ne sort plus. Tu l'as vu?

– Une première au théâtre, c'est comme tenir une barricade sous la mitraille. Le moindre relâchement, c'est tout qui se délite. On se remet d'une révolution perdue, pas d'une dramaturgie approximative. Il m'était impossible de quitter mon poste avant l'entracte. Ensuite, je ne pouvais plus faire un pas sans être tiré par la manche, congratulé, remercié, embrassé. On me tendait des verres de vin, des cigares, on ne cessait de me demander de tes nouvelles! Quand enfin j'ai pu m'extraire de la foule, la loge était vide … Plusieurs personnes qui se tenaient dans cette partie

1 **le fracas:** Getöse, Krachen.
le râle: Röcheln.
1f. **le supplicier / la supplicière:** (zu Tode) Gefolterte(r).
2f. **la balle à blanc:** Platzpatrone.
4 **un omnibus:** Personenzug.
7 **traînant, e:** gedehnt, schleppend.
8 **résonner:** (wider)hallen.
12 **sous la mitraille:** unter Beschuss, im Kugelhagel.
le relâchement: Lockerung, Nachlassen.
13 **se déliter:** sich auflösen.
se remettre de qc: sich (wieder) von etwas erholen.
14 **approximatif, -ive:** annähernd.

du théâtre m'ont certifié l'avoir reconnu, bien qu'il soit toujours resté couvert et emmitouflé dans une large cape. C'était bien Victor Hugo.

Louise Michel repoussa son assiette, planta ses deux coudes sur la table, son menton entre ses mains jointes, le regard perdu dans la brume des souvenirs. Elle se rappelait les mots jetés à la hâte sur le papier, dans la tour en ruine de son enfance, «pour toucher nos fronts, la brise n'a qu'une aile» ... Elle revivait en un instant toutes ces journées qui se résumaient à l'attente de l'heure du courrier. Rien qu'à y penser, son cœur retrouvait le rythme effréné de ce moment où le facteur avait soulevé sa casquette d'une main en lui tendant, de l'autre, une lettre au format étrange, effilée. Elle avait failli se trouver mal quand le nom d'Hugo avait dansé devant ses yeux, au verso de l'enveloppe. Rien d'autre ne comptait davantage au monde, et pourtant elle doutait que cela fût possible. Elle s'était réfugiée dans sa chambre, tremblante, pour ouvrir le pli avec la pointe d'un couteau. Puis il y en avait eu des dizaines d'autres. Chacune de ses confidences s'était trouvé un écho dans l'esprit du poète: «Votre âme a une voix pour toutes les dou-

1 **certifier qc:** etwas bestätigen, versichern.
2 **emmitouflé, e:** eingemummt.
3 **la cape:** Umhang, Cape.
7 **à la hâte** (loc. adv.): hastig, überstürzt.
12 **effréné, e:** zügellos, ausgelassen.
14 f. **effilé, e:** schmal, dünn, spitz zulaufend.
15 **faillir faire qc:** beinahe etwas tun.
16 **le verso:** Rückseite.
20 **le pli:** Falte; hier: Umschlag.

leurs.» Puis des rencontres avaient suivi, beaucoup plus tard, où leurs souffles s'étaient mêlés. La voix de Maxime Lisbonne la ramena sur terre.

– Tu pensais à quoi?

Elle fit un effort pour chasser les fantômes, un autre plus fort encore pour mentir.

– À la bataille du fort d'Issy ... C'était au tout début de mai 71, il faisait un temps à ne plus jamais mourir. La nuit, je montais la garde dans le parfum du chèvrefeuille et des roses, au matin je voyais éclore les violettes sur les talus des fortifications ... C'est là que j'ai appris à vous connaître, toi et tes Turcos ...

Lisbonne ne remarqua pas le trouble de la prisonnière, le rouge soudain qui lui colorait les pommettes.

– Oui, c'était le 8 du mois. Rossel m'avait envoyé prendre le commandement des Corps Francs pour défendre le couvent des Oiseaux dont il ne restait qu'une moitié de façade. Tout le reste, l'église, le fort, le village d'Issy, était aux mains des Versaillais qui nous bombardaient sans répit. On se servait des morts pour colmater les brèches faites par les obus d'en face! Tu étais toujours à côté de mon ordon-

9f. **le chèvrefeuille:** Geißblatt.
10 **éclore:** aus dem Ei schlüpfen (Tier); aufblühen (Blume).
11 **le talus:** Böschung.
12 **le Turco** (hist.): Spitzname für algerischen Infanteristen.
14 **la pommette:** Backenknochen.
20 **sans répit** (loc. adv.): pausenlos, unablässig.
21 **colmater qc:** etwas abdichten; etwas abriegeln.
la brèche: Bresche, Frontlücke.
un obus: Granate.
22f. **un ordonnance:** hier: Adjutant.

nance, Mohamed Ben Ali. Qu'est-ce que tu pouvais bien lui raconter?

– Rien, je l'écoutais me parler de son pays, du sud de l'Algérie, des marabouts, des muezzins, des minarets, des hammams, des oasis, des caravanes de chameaux, des vagues de sable dans le désert ... Je n'ai jamais compris comment il échappait aux balles, habillé comme il était d'un pantalon bouffant bleu de ciel, d'une chemise écarlate constellée de boutons dorés et rehaussée d'épaulettes blanches qui encadraient son visage d'un noir d'encre.

Lisbonne serra les dents.

– Un éclat l'a fauché quinze jours plus tard, alors que nous battions en retraite par la rue de Vaugirard ... Aucun de ses frères africains n'en a réchappé: ceux qui ne sont pas morts au combat ont été fusillés devant un mur sale, sans autre forme de procès.

Il demeura silencieux un long moment avant de poursuivre:

– La première fois que j'ai vu Hugo, c'était le jour du printemps. Nous étions ensemble ...

– Oui, il était revenu à Paris pour enterrer son fils, Charles. Nous vivions tous dans la fièvre de la procla-

5f. **le chameau:** Kamel.
8 **le pantalon bouffant:** Pluderhose (*bouffant, e:* bauschig).
9 **écarlate:** scharlachrot.
constellé, e de: übersät mit.
10 **rehaussé, e de qc:** hier (fig.): durch etwas in der Wirkung verstärkt.
13 **un éclat:** Splitter.
faucher qn (fig.): jdn. hinwegraffen (*faucher:* mähen).
14 **battre en retraite:** den Rückzug antreten.
15 **en réchapper:** überleben.

mation de la Commune. Nous pensions que la victoire était à portée de main. La révolution triomphait. Partout on riait, on s'enthousiasmait. Les rues avaient la folie au cœur. Et ce trait noir, soudain, sur le pavé hérissé de drapeaux rouges. Je revois le cortège funèbre dans le quartier de la Bastille, longeant le boulevard Voltaire, contournant les barricades et tout le peuple de Paris, en armes, qui se mettait au garde-à-vous dès qu'apparaissait la silhouette voûtée du poète, derrière le corbillard. Les bataillons faisaient la haie en silence. La tristesse s'installait dans son sillage: le deuil pesait déjà sur l'avènement comme un sombre présage. Je sais que cet hommage des Parisiens insurgés à celui qui n'avait pas fléchi, ne serait-ce qu'une heure pendant vingt ans d'exil, a beaucoup compté dans son combat pour l'amnistie. Il parlait de

2 **à portée de main** (loc. adv.): in Reichweite, greifbar nahe.
3 **s'enthousiasmer:** sich begeistern, in Begeisterung geraten.
5 **hérissé, e de:** bedeckt mit, gespickt mit.
5f. **le cortège funèbre:** Trauerzug.
6 **longer qc:** an etwas entlanggehen, -ziehen.
7 **contourner:** herumgehen um, umgehen.
8f. **se mettre au garde-à-vous:** strammstehen, Haltung einnehmen.
9 **voûté, e:** gebeugt.
10 **le corbillard:** Leichenwagen.
10f. **faire la haie:** Spalier bilden; Spalier stehen.
11f. **le sillage:** Kielwasser; hier (fig.): Fußstapfen.
12 **un avènement:** Thronbesteigung.
13 **le présage:** Vorzeichen.
14 **insurgé, e:** aufständisch.
fléchir: sich beugen, nachgeben.
14f. **ne serait-ce que:** und wäre es nur.
16 **une amnistie:** Amnestie.

ce comble de grandeur d'une ville entière qui prête attention à la douleur d'un homme esseulé.

Le gardien s'avança dans la pièce en toussant, pour se faire remarquer.

– La visite va bientôt se terminer ... Je vais devoir vous raccompagner dans votre cellule ...

Louise Michel replaça la charcuterie, les pâtés, les salades dans les papiers d'emballage afin de les partager avec les femmes qui purgeaient leur peine avec elle dans les étages de la prison Saint-Lazare. Elle embrassa Lisbonne qui, juste avant que son amie ne se dirige vers le couloir, lui tendit une page arrachée à un carnet. Elle s'y reconnut, dessinée à la plume en marge du poème qu'Hugo avait écrit pour la sauver du désastre qu'elle appelait de ses vœux, après la défaite, alors que la voix des juges était couverte par les salves des pelotons d'exécution.

Ayant vu le massacre immense, le combat
Le peuple sur sa croix, Paris sur son grabat,
La pitié formidable était dans tes paroles.
Tu faisais ce que font les grandes âmes folles
Et, lasse de lutter, de rêver, de souffrir,
Tu disais: «J'ai tué!» car tu voulais mourir.

2 **esseulé, e:** vereinsamt, verlassen.
8 **le papier d'emballage** (m.): Einpackpapier.
9 **purger une peine:** Strafe absitzen.
14 **la marge:** Rand.
17 **le peloton d'exécution:** Erschießungskommando.
19 **le grabat:** ärmliches Bett.
22 **être las/lasse de qc:** etwas leid sein.

Elle interrogea Lisbonne du regard, ralentissant la marche des gardes qui l'accompagnaient vers les geôles.

– Je l'ai trouvé posé sur le fauteuil, dans la loge qu'il venait d'abandonner …

*

Quand Victor Hugo mourut, quelques mois plus tard, Louise Michel était toujours incarcérée pour avoir, à la tête d'une armée de Jean Valjean, de Cosette, de Gavroche, agité en riant un drapeau noir devant une boulangerie.

Maxime Lisbonne s'était fait violence en remettant le message du poète à Louise. Il était de ceux qui voulaient demeurer à l'ombre de leurs volets clos alors que deux millions de Parisiens, en se rassemblant dans les rues, des Champs-Élysées au Panthéon, faisaient de leurs corps un monument au père des *Misérables*. Le jour des obsèques nationales, il débuta l'éditorial de son journal, *L'Ami du Peuple*, par ces mots: «Hugo reste un admirable, un incomparable artiste, mais c'est un mort que nous ne pleurerons pas.» La querelle portait sur deux vers de *L'Année terrible* condamnant la justification, par la Commune, de la loi du talion:

3 **la geôle** (litt.): Kerker.
7 **incarcérer:** einkerkern, inhaftieren.
17 **les obsèques** (f.): Beisetzung, Trauerfeierlichkeiten.
22f. **la loi du talion:** Gesetz der Wiedervergeltung (*le talion:* Strafe, bei der der Schuldige ebenfalls erleiden muss, was er seinem Opfer angetan hat).

On brûle un pont, je brûle une bibliothèque.
On tue un colonel, je tue un archevêque.

Lisbonne se mit à la fenêtre, surpris par l'immense silence qui soudain pesait sur Paris, que seuls troublaient les chants des oiseaux. Une force l'appelait. Il prit son chapeau, sa canne et rejoignit le cortège funèbre en se disant que, dans ses pas, c'est Louise qui marchait.

Les boueux de l'espace

C'est un sale boulot, mais c'est le seul qu'on m'ait proposé après trois années d'inscription sur le fichier «disponibilités» de l'agence mondiale de l'espace. J'aurais pu prétendre à un poste plus gratifiant avec mes deux décennies passées à commander les vaisseaux les plus sophistiqués, mais il avait suffi d'une minute d'indécision lors de la collision de *Blue Enterprise* avec une météorite pour flinguer toute une carrière dans l'esprit des décisionnaires. L'examen des données, sur les ordinateurs de vol, avait conclu à mon absence de responsabilité dans la perte du navire, la mort des quinze membres d'équipage et d'une centaine de passagers en route vers la station orbitale *New World*. Il n'en restait pas moins que le nom de Jerry Cow était devenu synonyme de catastrophe. Je m'étais résigné à accepter des remplacements au noir,

1 **le boueux** (fam.): Müllmann.
4 **la disponibilité:** Verfügbarkeit.
5 **prétendre à qc:** nach etwas streben, auf etwas Anspruch erheben.
gratifiant, e: (innerlich) befriedigend.
6 **la décennie:** Jahrzehnt.
6f. **le vaisseau (spatial):** Raumschiff.
7 **sophistiqué, e:** gekünstelt, unnatürlich; hier: hoch entwickelt.
9 **flinguer qc** (fam.): etwas abknallen; hier (fig.): etwas jäh beenden.
10 **le/la décisionnaire:** Entscheidungsträger(in).
14 **la station orbitale:** Raumstation.
17 **au noir:** illegal, ‚schwarz'.

pour des compagnies d'aviation de troisième zone, des missions suicides d'observation au-dessus des territoires africains et orientaux en conflit, des transports de contrebande vers des pistes miniatures aménagées sur des îlots perdus, de l'hélitreuillage au-dessus de plates-formes pétrolières abandonnées. Les rares amis qui ne s'étaient pas éloignés, quand mon ombre traînait des dizaines de cadavres, n'avaient pas compris que l'unique façon d'échapper à la balle que je me destinais, c'était de rejoindre les nuages, coûte que coûte. Mon fils Andrew ne s'adressait à moi que pour me coller ses échecs sur le dos, ce qui lui évitait de se confronter à son reflet, dans la glace des matins blêmes. Seule ma femme Sally s'accrochait et, bizarrement, je lui en voulais de ne pas me piétiner, comme les autres. C'est elle qui a reçu la proposition d'engagement, en surimpression sur l'écran du salon, alors qu'elle visionnait une version holographique des *Dix Commandements*. Le message disait simplement qu'on avait pensé à moi pour prendre le commandement du *Bristol*, pour une mission de six mois qui pourrait être

1 **la compagnie d'aviation:** Fluggesellschaft.
4 **la contrebande:** Schmuggel.
5 **un îlot:** kleine Insel.
un hélitreuillage (néol.): Arbeit mit Seilwinden vom Hubschrauber aus (*le treuil:* Seilwinde).
10f. **coûte que coûte** (fig.): koste es, was es wolle.
12 **coller qc sur le dos de qn:** jdm. etwas in die Schuhe schieben.
14 **blême:** blass, fahl.
s'accrocher: sich festklammern; hier: zu jdm. halten.
15 **piétiner qn:** hier (fig.): auf jdm. herumtrampeln.
17 **la surimpression:** Doppelbelichtung, Einblendung in eine Sendung.
18f. **les dix commandements** (m.): die Zehn Gebote.

suivie d'autres vacations de même durée, si je donnais satisfaction. Le salaire correspondait à celui d'un pilote débutant, mais je n'étais pas en mesure de faire la fine bouche. J'ai constaté, en consultant l'encyclopédie numérique de la flotte mondiale, qu'aucun vaisseau en activité ne portait le nom de *Bristol*. Il m'a fallu remonter quinze années en arrière pour dénicher une navette qui avait été en service jusqu'en 2012, entre les États-Unis et la base numéro 3 avant d'être réformée pour obsolescence. J'ai été reçu par un sous-fifre qui agissait au nom du général Dowell, l'un des gradés qui m'avaient épargné lors de l'enquête sur la perte du *Blue Enterprise*. Il m'a tout de suite fait comprendre que si ça n'avait tenu qu'à lui, j'aurais pu continuer à ratisser les annonces de mercenariat jusqu'au crash final. J'ai signé les formulaires qui prévoyaient une première campagne de six mois, et la seule chose que j'ai réussi à obtenir, c'est la liberté de constituer mon équipage. L'expérience m'avait ap-

1 **la vacation:** Vertretung.
3f. **faire la fine bouche:** sehr wählerisch sein.
5 **numérique:** hier: digital.
7f. **dénicher:** aus dem Nest nehmen; auftreiben, aufstöbern.
8 **la navette:** Weberschiffchen; hier: Raumfähre.
10 **réformer:** erneuern; hier: ausmustern.
une obsolescence: Überalterung.
11 **le sous-fifre** (fam.): untere Charge.
12 **le gradé:** unterer Dienstgrad.
15 **ratisser:** harken, rechen; hier (fig.): durchkämmen.
15f. **le mercenariat:** Söldnerwesen.
16 **le crash** (angl.) **final:** endgültiger Absturz.
19 **constituer qc:** hier: etwas zusammenstellen.

pris qu'à partir du premier mois de confinement dans une capsule, un siamois en apesanteur ne pense plus qu'à une seule chose: tuer son frère. Le soir même, je poussais la porte du Lanker, un bar de fond de zone où avaient l'habitude de traîner plusieurs de ceux que je voulais voir à mes côtés. Je tombais directement sur Butsy, un des rares survivants du commando qui était parvenu, dix ans plus tôt, à libérer une brochette de ministres retenus sur la station orbitale internationale. Nous nous étions souvent croisés sur des coups merdiques. Ses employeurs ne lui avaient pas pardonné d'avoir constaté à quel degré de soumission étaient parvenus ceux qui décidaient de l'avenir du monde après trois jours passés entre les mains de leurs geôliers. J'ai commandé une bière sans alcool et lui, pour me titiller, un alcool sans bière. Dès que je lui ai dit que l'administration venait de me rattraper par l'élastique du slip, il a flairé l'embrouille. Je lui ai raconté

1 **le confinement:** Abkapselung, Abgeschlossenheit.
2 **le siamois:** hier: siamesischer Zwilling.
une apesanteur: Schwerelosigkeit.
4 **le fond de zone:** hier: hinterstes Elendsviertel.
6 f. **tomber sur qn:** auf jdn. treffen.
7 **le commando:** hier: Einsatzkommando.
8 **la brochette:** hier: Riege.
10 f. **le coup merdique** (pop.): beschissene Aktion; hier: Himmelfahrtskommando.
12 **la soumission:** Unterwerfung; Unterwürfigkeit.
14 f. **le geôlier:** Kerkermeister; Gefängniswächter.
16 **titiller qn** (fam.): jdn. kitzeln; (fig.) jdn. foppen.
17 f. **un élastique:** Gummiband.
18 **flairer l'embrouille** (fam.): Braten riechen (*flairer:* beschnuppern, wittern; *une embrouille:* Verwirrung, verworrene Situation).

que le général Dowell m'avait à la bonne, qu'il avait débuté sous les ordres de mon père, lors de la troisième guerre d'Afghanistan. J'avais beau argumenter, il ne voulait pas en démordre.

– Tu es encore plus grillé que moi, Jerry! Les trois étoiles qu'il a sur sa casquette, ton général, c'est comme sa visière, ça sert à le protéger lui et pas les copains … Tu as déjà vu un de ces mecs-là filer ne serait-ce qu'un dollar à un mendiant? Non, ça ne colle pas. Cherche la faille. S'ils sont venus te chercher, c'est qu'ils ont beaucoup plus à gagner que toi sur ce coup.

J'ai reposé mon verre sur le comptoir.

– Je crois que tu es à côté de la plaque, Butsy. C'est un boulot de merde, sur du matériel de merde, et en plus payé au lance-pierres … Ils ne trouvent personne. Il n'y a pas d'autre raison au fait qu'ils soient venus me repêcher. Si j'ai bien compris, tu ne fais pas partie du voyage … Tant pis …

Il m'a regardé, les traits affaissés, se composant le masque d'un type au bord des larmes.

– Pourquoi? Tu ne veux plus de moi?

1 **avoir qn à la bonne:** jdn. gut leiden können.
3 **avoir beau faire qc:** etwas vergeblich tun.
4 **ne pas démordre de qc:** sich von etwas nicht abbringen lassen.
5 **être grillé, e** (fam.): erledigt sein, geliefert sein.
7 **la visière:** Visier; Mützenschirm.
9 **ça ne colle pas** (fam.): das haut nicht hin.
10 **la faille:** Spalte, Verwerfung; hier (fig.): Schwachstelle.
13 **être à côté de la plaque** (fam.): völlig danebenliegen.
15 **payer qn avec un lance-pierre** (fam.): jdn. schlecht bezahlen.
17 **repêcher qn:** jdn. aus dem Wasser ziehen; jdn. herausfischen.
19 **affaissés:** eingefallen.
20 **au bord des larmes:** den Tränen nahe.

Une semaine plus tard, il avait déniché cinq autres bras cassés pour compléter l'équipage. La seule lecture de leurs états de service aurait jeté un maton de Sing-Sing dans une profonde dépression, mais j'acceptais sans discuter. Une fois revêtus de leur scaphandre, ils ressemblaient à n'importe quelle autre troupe d'astronautes. Notre engin d'époque avait été bricolé pour être couplé avec un lanceur de la toute dernière génération. On avait ajouté une sorte de bouclier afin que l'infrastructure résiste à une poussée trois fois plus importante que celle qui avait été calculée au moment de l'assemblage des pièces, un quart de siècle plus tôt. Pour le reste, c'était de l'antique. Nous avons fait connaissance au cours des six semaines de stage intensif qui ont suivi. C'était tous de grandes gueules qui, sous leur allure bravache, cachaient des qualités professionnelles de première importance. Jim s'était fait virer du corps des marines

2 **le bras cassé** (fig.): kaputte Type.
3 **le maton / la matonne:** Gefängnisaufseher(in).
4 **Sing-Sing:** umgangssprachliche Bezeichnung für das Gefängnis Ossining in der Nähe von New York City.
5f. **le scaphandre:** (1) Taucheranzug; (2) Raumanzug.
7 **un engin:** Maschine.
d'époque: Original...; aus der damaligen Zeit.
8 **bricoler qc:** etwas zusammenbasteln.
coupler: koppeln.
le lanceur: hier: Trägerrakete.
10 **le bouclier:** (Schutz-)Schild.
12 **un assemblage:** Zusammenfügen, Zusammenbauen (von *assembler*).
16 **la grande gueule** (fam.): Maulheld.
bravache: großmäulig.
18 **se faire virer:** hinausgeworfen werden.

spatiales pour alcoolisme, Frank avait recadré le portrait d'un commandant de bord lors d'une mission lunaire, Elvis s'était toujours défendu d'avoir violé un mousse au cours d'un voyage interplanétaire d'agrément affrété par une star d'Hollywood: «il était volontaire» disait-il, tandis que John, le taciturne, revendiquait en bougonnant le fait d'avoir planté un tournevis cruciforme dans le bide d'un voisin qui chevauchait sa femme tandis qu'il s'esquintait la santé sur des moteurs à hydrogène en carafe; Macky, ancien pilote de bombardier furtif, émergeait, quant à lui, d'une cure de désintoxication après avoir fumé toute la récolte d'un champ de pavot pour oublier qu'il avait appuyé sur le bouton éjectant le missile à tête nucléaire qui, au cours de la décennie précédente, avait rayé

1f. **recadrer le portrait de qn** (fam.): jdn. vermöbeln (*recadrer:* neu ausrichten).
4 **le mousse:** hier: (Raum-)Schiffsjunge.
4f. **le voyage d'agrément** (m.): Vergnügungsreise.
5 **affréter:** chartern.
6 **le/la taciturne:** Schweigsame(r).
7 **bougonner:** murren, brummeln.
8 **le tournevis cruciforme:** Kreuzschlitzschraubenzieher.
le bide (fam.): Bauch.
8f. **chevaucher qn** (pop.): jdn. vögeln (*chevaucher:* reiten).
9 **s'esquinter qc:** sich etwas verderben, kaputtmachen.
10 **en carafe** (fam.): liegengeblieben.
11 **le bombardier furtif:** Tarnbomber.
émerger: auftauchen.
12 **la cure de désintoxication** (f.): Entziehungskur.
13 **le pavot:** Mohn.
14 **éjecter:** ausstoßen.
le missile: Rakete.
15f. **rayer qc de la carte** (fig.): etwas von der Landkarte streichen, auslöschen.

Islamabad de la carte. On nous a catapultés un matin, entre deux tirs de cargos de ravitaillement, et il nous a fallu moins de deux heures pour atteindre notre orbite. Le *Bristol* semblait tenir le choc. Moi, un peu moins. Cela faisait un paquet de temps que je n'avais pas été secoué de la sorte, et j'ai décidé que nous allions effectuer quelques rotations avant de prendre les commandes pour ratisser le secteur qui nous était dévolu.

On est sortis du rail le lendemain matin alors que les côtes du continent indien se découpaient sur le bleu de la terre, quelques centaines de kilomètres plus bas. La première épave que nous avons rencontrée dans notre périple figurait sur la carte: un satellite chinois de télécommunications lancé en 2003 qui n'avait jamais réussi à déployer ses panneaux solaires d'alimentation en énergie. Butsy s'est mis aux manettes, et il est parvenu à saisir l'engin au moyen des bras articulés, puis à le fourrer dans la soute, le tout en

2 **le ravitaillement:** (Lebensmittel-)Versorgung; Nachschub.
5 **le paquet:** hier: Haufen.
8f. **être dévolu, e à qn:** an jdn. übertragen sein, jdm. zugefallen sein.
10 **sortir du rail:** entgleisen; hier (fig.): aufbrechen.
11 **se découper sur:** sich abheben von; sich abzeichnen gegen.
13 **une épave:** Wrack, Treibgut.
14 **le périple:** Reise.
16 **déployer:** entfalten, ausbreiten.
le panneau solaire: Solarzellenschild.
17f. **la manette:** (Schalt-)Hebel.
18 **parvenir à faire qc:** etwas tun können.
19 **le bras articulé:** Gelenkarm.
fourrer qc: etwas hineinstecken, hineinstopfen.
la soute: Laderaum.

moins de six heures. D'après nos indications, le chantier suivant se trouvait à une quinzaine de jours de voyage. Un caisson de survie qui s'était désarrimé avant la plongée de retour sur terre. Une dérive de l'objet, due au choc avec une météorite, nous a contraints à quadriller un vaste secteur pendant une semaine de plus pour le détecter. L'opération s'est avérée beaucoup plus délicate que la précédente en raison des dommages causés au fuselage, aux risques de désintégration. Au bout de trois jours de tâtonnements, Frank et Elvis voulaient passer leur scaphandre, franchir le sas et faire le boulot à la main. Le métal éventré était aussi acéré qu'une lame de rasoir, et la moindre éraflure pouvait leur être fatale. Je m'y suis opposé. On a grillé une semaine supplémen-

3 **le caisson de survie:** Rettungskapsel.
se désarrimer: sich verschieben; hier: sich abkoppeln.
4 **la plongée:** Tauchmanöver.
la dérive: Abdriften.
6 **quadriller:** karieren, kästeln; hier (mil.): überwachen, kontrollieren.
7 **détecter:** feststellen, ausfindig machen.
7f. **s'avérer** (+ adj.): sich als ... herausstellen, erweisen.
9 **le fuselage:** Rumpf.
10 **la désintégration:** Auflösung, Zerfall.
10f. **les tâtonnements** (fig.): tastende Versuche (*le tâtonnement:* Herumtasten, Tappen).
12 **le sas:** Schleusenkammer.
13 **éventré, e:** aufgeschlitzt.
acéré, e: scharf.
13f. **la lame de rasoir:** Rasierklinge.
14 **une éraflure:** Schramme, Schürfung.
15 **griller qc** (fam.): hier: etwas vertun.

taire pour absorber le morceau de ferraille et faire le ménage en aspirant toutes les particules environnantes. Les deux mois suivants, nous avons ramassé les débris du bouclier antimissiles qui avait été déployé par la Grande Coalition en 2014, après l'assassinat du secrétaire général de l'Organisation des États-Unis, puis nous avons amorcé notre manœuvre de retour vers l'orbite initiale. Le moment le plus éprouvant de la mission a été, sans conteste, le nettoyage du charnier de la base 12. Il ne restait pas grand-chose des installations militaires ukrainiennes qui avaient visiblement été la proie de pilleurs d'épaves. Les charognards avaient laissé derrière eux ce qui ne pouvait se monnayer. Les outils de prélèvement étaient inutilisables, et trois membres de l'équipage sont sortis pour faire le pire boulot qui soit. La bataille avait fait rage, quinze années plus tôt, pour le contrôle de la plate-

1 **la ferraille:** Alteisen, Schrott (*le ferailleur:* Schrotthändler).
1f. **faire le ménage:** aufräumen.
2 **la particule:** Partikel, Teilchen.
environnant, e: herumliegend, in der Umgebung.
3 **le débris:** Trümmer.
4 **antimissile:** Raketenabwehr…
7 **amorcer qc** (fig.): etwas in Gang setzen.
8 **initial, e:** Anfangs…, Ursprungs…
éprouvant, e: anstrengend, beschwerlich.
9 **sans conteste** (loc. adv.): unbestritten.
le charnier: Massengrab.
12 **le pilleur:** Plünderer.
le charognard: Aasgeier (auch fig.).
13f. **monnayer:** ausmünzen; zu Geld machen.
14 **de prélèvement** (m.): zur (Proben-)Entnahme; hier: Greif…
16 **faire rage:** toben.

forme, et personne n'était jamais venu jusqu'ici pour ramasser les cadavres des soldats. Il y en avait une bonne centaine qui flottaient autour des débris, leurs scaphandres gonflés par les gaz de décomposition. Le pire, c'était de croiser un regard vide, derrière la vitre du casque, tandis que l'on enveloppait la dépouille dans un sac plastique avant de la faire disparaître à l'intérieur de la soute du vaisseau. Le mois suivant, on est tombés sur un satellite minuscule qui n'était répertorié sur aucun de nos documents. Je l'ai examiné sous toutes les soudures, à l'aide des caméras, je lui ai radiographié les entrailles sans parvenir à déterminer d'où il provenait. Pas la moindre marque d'usinage, pas le plus petit indice de date ou de lieu de fabrication. On pouvait simplement déduire des analyses de spectre qu'il s'agissait d'un objet terrestre assemblé une trentaine d'années plus tôt, au tout début du troisième millénaire. J'étais d'avis de le laisser continuer son errance interstellaire, mais Jim a insisté pour qu'on le prenne à bord.

– Tu ne peux pas nous faire ça, Jerry! Ce truc est

4 **la décomposition:** Zerlegung, Zersetzung, Verwesung.
6 **la dépouille:** abgezogene Haut; (sterbliche) Hülle, Überreste.
9f. **répertorier qc:** etwas verzeichnen, erfassen.
11 **la soudure:** Schweißen, Löten; hier: Schweißnaht.
12 **radiographier:** röntgen.
les entrailles (f.): Eingeweide.
13 **provenir de:** kommen von.
un usinage: maschinelle Fertigung.
15 **déduire qc:** etwas abziehen; etwas ableiten.
15f. **une analyse de spectre:** Spektralanalyse.
19 **une errance:** Irrfahrt.

bourré de matériaux spéciaux. On se fait chier depuis plus de cinq mois à ramasser de la viande froide pour moitié moins que le salaire minimum intergalactique garanti. Personne ne sait qu'elle existe cette mine d'or. On l'embarque, ni vu ni connu. En le désossant, on peut en tirer de quoi doubler la mise ...

J'ai fini par céder à la pression, et il a saisi la boule d'une centaine de kilos au moyen de ses pinces géantes. C'est Elvis qui est descendu au milieu du bric-à-brac morbide pour la dissimuler dans l'ancien logement des parachutes de freinage. Quand on a atterri, quelques semaines plus tard, un détachement de l'armée ukrainienne a rendu les honneurs aux corps de ses combattants d'une guerre lointaine alignés sur la piste du désert Mojave.

Macky et Frank se sont débrouillés pour négocier le traitement des matériaux récupérés dans l'espace

1 **bourré de:** vollgestopft mit.
1f. **se faire chier à faire qc** (fam.): sich mit etwas abrackern.
3f. **le salaire minimum intergalactique garanti** (iron.): intergalaktischer Mindestlohn (vgl. *le Salaire minimum interprofessionnel garanti*, kurz: SMIG, der Vorgänger des heutigen *Salaire minimum de croissance*, kurz: SMIC, dem gesetzlichen Mindestlohn in Frankreich).
5 **ni vu ni connu:** unbemerkt.
désosser: von den Knochen lösen; (fig.) auseinandernehmen.
6 **la mise:** Einsatz.
10 **le bric-à-brac:** Gerümpel.
morbide: krankhaft, morbid.
dissimuler qc: etwas verstecken.
11 **le parachute de freinage:** Bremsfallschirm.
12 **le détachement:** Abordnung.
16 **se débrouiller:** zurechtkommen.

par une casse de San Francisco dirigée par l'un de leurs amis. Le satellite clandestin a discrètement fait partie du lot. Nous avons suivi le convoi de camions, sur trois mille kilomètres d'autoroute, pour nous occuper personnellement de son déchargement et de son transfert dans un hangar que Jim avait loué à proximité de l'amoncellement d'épaves en tout genre du ferrailleur. Macky a attaqué la carapace au chalumeau, sous le regard attentif de Butsy. Il a tout d'abord dégagé les deux caméras directionnelles avant de dépecer l'engin pièce par pièce. Jim avait vu juste: les métaux spéciaux représentaient plus de la moitié du poids total, et le patron de la casse nous en a proposé une somme supérieure à ce que nous avions touché pour l'ensemble de la mission. J'ai arrêté son geste quand il a voulu embarquer le matériel de prise de vues.

– Pas touche, ça c'est ma récompense personnelle. Je suis passionné par la photographie.

1 **la casse:** Schrottplatz.
3 **le lot:** hier: Partie, Ladung.
le convoi: Kolonne.
5 **le déchargement:** Entladen.
6 **le transfert:** Übergabe.
le hangar: Lagerschuppen.
7 **un amoncellement:** Anhäufung.
8 **la carapace:** Panzer, Außenhaut.
8f. **le chalumeau:** Schneidbrenner.
10 **dégager qc:** etwas freilegen.
directionnel, le: Richtungs...
11 **dépecer qc:** etwas zerlegen, zerstückeln.
17 **la prise de vue:** Bildaufnahme.
18 **pas touche** (interj.; fam.): Finger weg!

Nous nous sommes quittés une fois le partage effectué, en nous promettant de garder le contact et de nous rassembler à nouveau si une occasion se présentait. Je suis resté à San Francisco tandis qu'ils prenaient un vol pour New York avant de se disperser, de là, à travers le territoire. J'ai passé toute la nuit à ausculter les boîtiers, à trouver les codes de conversion des données numériques que j'y avais découverts sur ma bardée d'ordinateurs, à rechercher de vieux programmes chez les antiquaires du Net. Le lendemain matin, le matériel disposé sur la table, j'ai compris que le vice dont me parlait Butsy, lorsque je l'avais embauché au bar du Lanker, existait bien. J'en ai eu confirmation aux infos de neuf heures: leur navette s'était écrasée sur le Missouri pour une raison inconnue et qui, à mon avis, avait toutes les chances de le rester. J'ai tout fourré dans un de ces immondes sacs plastique qui servaient à protéger les corps des disparus et je suis monté dans le camping-car garé devant le hangar. Ils m'ont juste laissé le temps de met-

1 **le partage:** Teilen, Teilung.
5 **se disperser:** sich zerstreuen.
7 **ausculter:** abhören, abhorchen.
le boîtier: Gehäuse.
7f. **la conversion:** hier: Umrechnung.
numérique: hier: digital.
9 **la bardée** (arg.): Riesensammlung.
10 **un/une antiquaire:** Antiquitätenhändler(in).
13 **embaucher qn:** jdn. einstellen.
14f. **la navette:** Weberschiffchen; hier: Raumfähre.
15 **s'écraser sur qc:** auf etwas abstürzen, auf etwas zerschellen.
17 **fourrer qc:** etwas hineinstecken, hineinstopfen.
immonde: schmutzig, ekelhaft.

tre le contact avant d'allumer les projecteurs. Dans le rétroviseur j'ai vu la dizaine de traceurs au laser pointés sur mon front. Le général Dowell a traversé le parking, puis il a ouvert la porte du côté passager pour prendre place à côté de moi.

– J'ai toujours eu énormément d'amitié et de respect pour ton père, Jouy. Tout autre aurait déjà été abattu … J'espère pour toi que tu n'as pas été assez débile pour farfouiller dans les caméras …

Je me suis tourné vers lui.

– Comment avez-vous su qu'on allait ramener ce satellite?

Dowell a éclaté de rire.

– C'était le seul et unique but de votre mission, Cow!

– Mais les dépouilles des Ukrainiens …

Il a haussé les épaules, d'un air apitoyé.

– La symbolique de la restitution des corps nous a servi de couverture médiatique idéale. Votre plan de vol était conçu pour que vous tombiez exactement sur ce vieux satellite d'observation dont nos services

2 **le rétroviseur:** Rückspiegel.
le traceur au laser: Laserzieleinrichtung an der Waffe.
4 **le côté passager:** Beifahrerseite.
8 **abattre qn:** jdn. niederstrecken.
9 **débile:** dumm, schwachsinnig.
farfouiller: herumstöbern.
13 **éclater de rire:** in Lachen ausbrechen.
17 **hausser les épaules:** mit den Schultern zucken.
apitoyé, e: mitleidig.
18 **la restitution:** Rückgabe, Herausgabe.
19 **la couverture médiatique:** Deckung durch die Medien.
20 **concevoir:** begreifen; hier: konzipieren, anlegen.

avaient perdu la trace depuis la fin de l'année 2001. Personne ne pouvait se permettre de mentionner son existence, et vous avez grandement rendu service à l'État en le rapatriant sur terre de manière clandestine.

Le général a fait basculer le siège central pour se saisir du sac à viande, l'a ouvert. Il a laissé fuser un cri.

– Non! Ce n'est pas vrai! Il a fallu que tu plonges ton sale petit nez dans ce merdier ... Tu n'as pas pu t'en empêcher ... Qu'est-ce que tu as compris?

Je savais que j'avais déjà signé mon arrêt de mort depuis six mois, quand je m'étais porté candidat à ce poste de boueux de l'espace. Les points rouges des tireurs d'élite se sont posés sur mes mains quand j'ai allumé ma cigarette.

– Tout. J'ai repris toute la documentation historique disponible sur les attentats du 11 septembre 2001, il y a plus de trente ans. Il existe des centaines d'images concernant le crash des Boeing contre les tours jumelles du World Trade Center filmées par des pros ou des amateurs. Par contre, on n'a rien, en direct, concernant l'impact du troisième zinc sur le Penta-

4 **rapatrier:** (in sein Land) zurückbringen.
5 **faire basculer qc:** etwas (um)kippen.
6 **laisser fuser qc** (fig.): etwas ertönen lassen.
9 **le merdier** (vulg.): Saustall.
11 **un arrêt de mort** (fig.): Todesurteil.
12 f. **se porter candidat à un poste:** sich um eine Stelle bewerben.
19 f. **les tours jumelles:** Zwillingstürme.
21 **le pro:** Abk. von *le professionnel:* Fachmann.
22 **un impact:** Einschlag.
le zinc: Zink; hier (fam.): Flugzeug.

gone. Les seuls documents sur l'impact étaient dans le satellite que nous sommes allés pêcher et dont les caméras étaient en permanence braquées sur le bâtiment du commandement central des forces armées américaines …

Il hochait la tête tandis que je parlais.

– … Les photos sont formelles: il n'y a jamais eu de troisième avion dirigé par un kamikaze sur le Pentagone. On distingue nettement que la structure a volé en éclats sous le coup d'une explosion venue de l'intérieur des bureaux. Pour dire les choses clairement, il s'agit d'un attentat qui n'a rien à voir avec les troupes de ce Ben Laden dont nos livres d'histoire sont remplis. Le problème, c'est que je ne comprends pas pourquoi l'état-major, aujourd'hui, en est réduit à manipuler des gens comme moi, à liquider mes amis pour planquer un événement oublié de tous.

Dowell a pris une cigarette dans mon paquet. Il l'a allumée, a tiré deux longues bouffées avant de me répondre.

– Les mentalités n'évoluent malheureusement pas aussi vite que les techniques. On s'étripe encore pour

2 **pêcher qn:** jdn. aufgabeln.
3 **en permanence** (loc. adv.): ständig.
braquer sur: ausrichten auf.
7 **formel, le:** eindeutig, unwiderlegbar.
10 **voler en éclat:** zersplittern.
sous le coup de: unter der Einwirkung von.
15 **un état-major:** Generalstab.
en être réduit à qc: zu etwas gezwungen sein.
17 **planquer** (fam.): verstecken.
19 **la bouffée:** (Atem-)Zug.
22 **s'étriper:** einander massakrieren.

des questions de religion, comme il y a mille ans … En septembre 2001, une partie des services secrets, la CIA et le NSA principalement, étaient au courant de ce qui se tramait. Ils ont laissé faire et ont profité de l'émotion provoquée par la mort de milliers de civils, à Manhattan, pour tenter un coup d'État d'extrême droite avec pour objectifs la Maison-Blanche, le Pentagone ainsi que *Force One*, l'avion présidentiel. Le vice-président était dans le coup. La manœuvre a échoué à moitié …

– Ce qui veut dire qu'elle a réussi pour moitié … Il a souri.

– Oui … Il était hors de question de rendre publique une telle information. Dès ce jour-là, le gouvernement a agi sous la pression des secteurs les plus rétrogrades du pays. Cela nous a conduits à la guerre avec l'Inde, à la destruction d'une partie de la péninsule arabique, aux bombes nucléaires sur l'Ukraine, aux attaques contre les barrages chinois … Nous avons réussi à reprendre le contrôle de nos institutions il y a moins de cinq ans après des combats qui se sont soldés par des centaines de millions de morts et de blessés. Tout ça parce qu'un président a choisi de négocier au lieu d'entrer en résistance. On ne peut pas faire deux fois la même erreur …

4 **il se trame qc:** da braut sich etwas zusammen.
6 **le coup d'État:** Staatsstreich.
9 **être dans le coup:** im Bilde sein; mit im Spiel sein.
16 **rétrograde:** rückläufig; rückständig.
19 **le barrage:** Sperrung; hier: Sperre.
21 f. **se solder par:** abschließen mit.

Il a écrasé son mégot dans le cendrier tout en poussant la portière du camping-car. J'ai aspiré une dernière fois sur mon ultime cigarette.

Tout autour, les index ont blanchi sur les détentes des fusils.

1 **écraser:** zerdrücken, ausdrücken.
le mégot: Zigarettenstummel, Kippe.
4 **un index:** Zeigefinger.
la détente: Abzug.

Ceinture rouge

1

Cité jardin

– Enlève ta casquette. Tu pourrais avoir un peu de respect, quand même.

C'est la première chose qu'elle m'a dite, quand elle m'a vu, même pas «bonjour», même pas «tu vas bien», comme si le calot de toile prolongé par la visière amidonnée effaçait les sentiments. Je l'ai gardée vissée sur ma tête, malgré le regard noir qu'elle m'a lancé, puis j'ai serré les mains des inconnus rassemblés sur la placette dans l'ombre dense des platanes et d'un tilleul centenaire. Je n'avais jamais rencontré aucun d'entre eux, hormis ma mère: un couple d'Espagnols au parler rocailleux, des Africains, un Asiatique chauve, deux vieilles femmes qui se sont

8 **le calot:** Käppi, Schiffchen.
8f. **la visière:** Mützenschirm.
9 **amidonné, e:** gestärkt.
10 **visser:** anschrauben.
12 **la placette:** kleiner Platz.
dense: dicht.
13 **le tilleul:** Linde.
14 **hormis:** außer.
15 **rocailleux, -euse:** steinig; hier (fig.): holprig, rau.

présentées comme voisines, plus un adjoint au maire qui tortillait une lettre entre ses doigts. J'ai pris place au premier rang, derrière le corbillard qui a roulé sur une centaine de mètres avant de s'immobiliser à hauteur d'un monticule de terre humide. Le marbre des croix luisait à profusion sous le soleil oblique, des sortes d'éclats qui me faisaient penser au scintillement de l'émail, dans les publicités pour dentifrice. À l'aplomb du mur d'enceinte, les cités du Pont-Blanc dressaient leurs silos devant l'horizon. D'une fenêtre béante des «stroumpfs», un lotissement récent coiffé de toits d'alu bleu layette, s'évadaient les accords du *Clandestino* de Manu Chao. Devant moi, gravé dans la pierre tombale déposée

1 **un adjoint / une adjointe:** Stellvertreter(in).
2 **tortiller:** zusammendrehen, hin und her drehen.
3 **le corbillard:** Leichenwagen.
4 f. **s'immobiliser:** stehen bleiben.
5 **le monticule:** Hügel.
6 **luire:** scheinen, glänzen, schimmern.
à profusion (loc. adv.): in Hülle und Fülle, in reichem Maße.
7 **oblique:** schräg (stehend).
un éclat: Splitter; hier: Funkeln.
8 **le scintillement:** Funkeln, Flimmern.
9 **à l'aplomb** (loc. adv.): senkrecht (*un aplomb:* Lot).
le mur d'enceinte (f.): Ringmauer.
10 **dresser:** errichten, aufrichten.
11 **béant, e:** klaffend, weit aufgerissen.
le stroumpf: Schlumpf.
11 f. **le lotissement:** Aufteilung; hier: Parzelle.
12 **coiffé, e de:** hier: bedeckt mit.
layette: Baby… (*la layette:* Babywäsche, Babyausstattung).
12 f. **s'évader:** ausbrechen; entweichen.
13 **Manu Chao:** franko-spanischer Sänger und Musiker, geb. 1961.
14 **la pierre tombale:** Grabstein.

près de la fosse, il y avait déjà le nom de mon père. Et celle qui lui avait donné vie, aujourd'hui le rejoignait. Peu de souvenirs me reliaient à elle, on n'avait fait que se croiser dans des repas d'anniversaire, autour de nappes de pique-nique étendues sur la berge des étangs de la Dame-Blanche, quand il vivait encore. Une femme nerveuse, énergique, aux baisers furtifs, avec un chignon sévère qui lui tirait les traits. Il y a eu le bruit de la corde qui filait entre le bois et les poignées métalliques, le bref discours de l'adjoint au maire, le crissement des semelles sur le gravier. L'employée du protocole m'a tendu une rose rouge que j'ai jetée sur la boîte vernie, près de la mince plaque de cuivre qui portait deux dates séparées par le tiret de la vie: 1931–2001. J'ai filé vers la sortie du cimetière, la tête rentrée dans les épaules. Ma mère m'a rejoint alors que j'ouvrais la portière de ma voiture garée sur le trottoir de l'allée du Repos.

1 **la fosse:** Grube.
4 **se croiser:** sich begegnen.
6 **la berge:** Ufer, Böschung.
un étang: Teich, Weiher.
8 **furtif, -ive:** verstohlen, flüchtig.
le chignon: Haarknoten, Dutt.
9 **la corde:** hier: Trageriemen.
filer: hier: entlanggleiten.
10 **la poignée:** hier: Griff.
11 **le crissement:** Knirschen.
la semelle: Sohle.
12 **le gravier:** Kies.
13 **verni, e:** lackiert.
15 **filer** (fam.): abhauen.

– Tu peux me raccompagner? J'ai quelque chose à te demander ...

Sans un mot, j'ai débarrassé le siège des cassettes que Leïla enregistrait, la nuit, sur toutes les radios du monde. Nos regards se sont croisés quand elle s'est assise. Elle a esquissé un sourire, et j'ai cru un instant qu'elle allait se pencher vers moi, m'embrasser, que sa main allait venir effleurer ma joue.

– Tu te rappelles où j'habite?

J'ai encaissé. Elle n'avait pas dit ça pour me blesser, non, c'était simplement sa manière d'être. J'ai contourné l'Hospice des Vieillards puis longé la morne façade de brique du lycée professionnel. L'architecte avait pris soin de le faire ressembler à une usine pour bien montrer qu'il en était l'antichambre. J'y avais passé deux années, à apprendre un métier dont même les Assedic ne se souvenaient plus. Mon diplôme me plombait pire qu'un casier judiciaire, alors j'avais fini par signer pour cinq ans un emploi-jeune, au service municipal des sports. Accueil des

6 **esquisser:** skizzieren; hier: andeuten.
8 **effleurer:** streifen.
10 **encaisser qc:** hier: etwas hinnehmen.
12 **contourner:** herumgehen um, herumfahren um.
longer qc: an etwas entlanggehen, -fahren.
13 **morne:** trübselig, trist.
15 **une antichambre:** Vorzimmer.
17 **les Assedic** (f.): Abk. von *les Associations pour l'emploi dans l'industrie et le commerce:* etwa: Arbeitslosenversicherung.
18 **plomber qn** (fig.): jdn. beeinträchtigen, jdm. schaden.
le casier judiciaire: Strafregister, Vorstrafe.
19f. **un emploi-jeune:** Arbeitsbeschaffungsmaßnahme für junge Leute (1997–2002).

groupes, maintenance. En fait, je servais surtout de punching-ball aux zonards du secteur qui, par temps froid, s'amusaient à rouler leurs joints, et les mécaniques, dans le hall du gymnase. C'est là que j'avais rencontré Leïla quand elle était venue, avec son équipe, disputer la finale régionale de basket: je n'en finissais pas de la consoler d'avoir perdu la Coupe. Des habitants de la Villette occupaient le rond-point, derrière une banderole bricolée aux lettres dégoulinantes: «Halte au marché sauvage!» Le tract qu'ils distribuaient expliquait aux conducteurs bloqués dans l'embouteillage que, depuis six mois, le quartier était envahi par des vendeurs à la sauvette de voitures à bas prix, en arrivage d'Allemagne, et qu'il devenait impossible d'y circuler tranquillement … J'ai mordu la ligne blanche, enfilé un sens interdit rageur, pour me retrouver dans l'ombre envahie de mouettes des Grands Moulins de Pantin. Elle s'était installée là,

1 **la maintenance:** Instandhaltung, Wartung.
2 **zonard, e:** Bewohner der armen Außenviertel.
le secteur (fam.): Gegend.
3f. **rouler les mécaniques** (fam.): die Muskeln spielen lassen.
6 **disputer la finale:** Endspiel austragen.
7 **la coupe:** hier: Cup; Meisterschaft.
9 **bricolé, e:** zusammengebastelt.
9f. **dégoulinant, e:** herabtropfend.
10 **le tract:** Flugblatt.
13 **à la sauvette** (loc. adv.): heimlich; hier: ‚schwarz'.
14 **un arrivage:** Anlieferung.
15 **mordre:** hier (fig.): überfahren.
16 **enfiler:** auffädeln; überziehen; hier: einbiegen in.
rageur, -euse: cholerisch, wütend.
17 **la mouette:** Möwe.

après le divorce, chez mon beau-père, face au clocheton de la mairie, dans un immeuble début de siècle, avec la percée du canal de l'Ourcq flanqué de sa piste cyclable qui partait de biais quand on se penchait au balcon.

– Tu as le temps de monter?

J'ai fait redémarrer le moteur que je venais de couper.

– Je ne préfère pas ... Qu'est-ce que tu avais à me demander?

Elle a ouvert son sac, sorti deux clefs, l'une brune, l'autre clinquante, rendues solidaires par une faveur décolorée passée dans les anneaux.

– Il faudrait déménager tout ce qui reste dans le pavillon de ta grand-mère et trouver un endroit où entreposer ses affaires, le temps qu'on décide ce qu'on en fait. Henri s'en serait bien occupé, mais c'est devenu impossible, avec son dos ...

Le lendemain matin, au volant de la camionnette bringuebalante de la section canoé-kayak, Leïla à mes côtés, j'ai mis le cap sur la cité jardin de Stains. La

1f. **le clocheton:** Türmchen.
3 **la percée:** Durchbruch, Durchstich.
3f. **la piste cyclable:** Fahrradweg.
4 **de/en biais** (loc. adv.): schräg.
se pencher: sich (nieder)beugen.
7f. **couper qc:** hier: etw. abstellen.
12 **clinquant, e:** kitschig.
12f. **la faveur décolorée:** hier: verschossene Schleife.
13 **un anneau:** Ring.
16 **entreposer:** zwischenlagern, unterstellen.
20 **bringuebalant, e:** hin und her schwankend.
21 **mettre le cap sur:** Kurs nehmen auf.

mélancolie de Radio-Tarifa s'accommodait des claquements de soupapes du vieux diesel. *«Camino de tristezas, sin tus besos, no, no, no»* … À hauteur d'ado, les tags recouvraient le crépi couleur pain d'épice de la petite utopie locative. J'ai traversé la place que dominaient les courbes pleines de l'ancien cinéma, longé le centre médical, les vitres gravées qui, depuis les années trente, vantaient les bienfaits des «Rayons X», j'ai dépassé les bâtiments bas entourés de verdure, pour accéder au maillage serré des ruelles à noms d'arbres le long desquelles, derrière des haies de troènes uniformément sécateurisées, s'alignaient les façades des maisons de poupées. Leïla s'est hissée sur la pointe des pieds pour apercevoir le bout de jardin laissé en jachère par la maladie de ma grand-

1f. **le claquement:** Klappern.
2 **le soupape:** Ventil.
3f. **à hauteur d'ado(lescents)** (loc. adv.; fam.): in Augenhöhe von Jugendlichen.
4 **le tag:** Graffiti.
le crépi: Verputz.
4f. **le pain d'épice:** Lebkuchen.
5 **locatif, -ive:** Miet…; hier: Wohn…
7 **graver qc:** etwas eingravieren.
8 **vanter:** loben, rühmen.
9 **les rayons X:** Röntgenstrahlen.
10 **la verdure:** Grün.
le maillage: Engmaschigkeit.
11 **le long de** (loc. prép.): (immer) längs, (immer) entlang.
12 **le troène:** Liguster.
sécateuriser (néol.): mit der Gartenschere zurechtstutzen (*le sécateur:* Gartenschere).
13 **se hisser:** sich hochziehen.
15 **laisser en jachère:** brachliegen lassen.

mère, tandis que j'introduisais la clef brune dans la serrure du portail, sous la petite plaque où était inscrit «Rose Perron». Le chien du voisin s'est mis à aboyer quand on a grimpé les quelques marches en ciment, sous la marquise vitrée. La tête d'une des deux anciennes qui suivaient le corbillard est apparue près du fouillis des chèvrefeuilles. Elle m'a reconnu, aussitôt le cabot s'est tu. L'appartement de mes souvenirs s'était étréci avec le temps. Un couloir étroit desservait la cuisine et la chambre, sur la droite. La salle à manger occupait, seule, la moitié située à ma gauche. Une salle de bains avait été ajoutée à l'arrière, dans l'ancienne buanderie où je bricolais des épées, des fusils, avec quelques clous plantés dans des morceaux de bois. Leïla a vidé l'armoire, empilant le linge dans des cartons tandis que j'enfournais les quelques chaises, la table, la télé, la machine à laver et la gazinière à l'arrière de la fourgonnette. On a décroché le lustre, les reproductions de paysages pro-

2 **le portail:** Portal, großes Tor.
5 **la marquise vitrée:** Glasvordach.
7 **le fouillis** (fam.): Durcheinander, Wust.
le chèvrefeuille: Geißblatt.
8 **le cabot** (péj.): Köter.
9 **s'étrécir** (litt.): eng(er) werden, schrumpfen.
10 **desservir qc:** etwas bedienen; zu etwas führen.
13 **la buanderie:** Waschküche.
14 **une épée:** Schwert.
15 **empiler:** aufstapeln.
16 **enfourner:** (urspr.: in den Ofen) einschieben.
18 **la gazinière:** Gasherd.
la fourgonnette: Lieferwagen.
18f. **décrocher qc:** etwas vom Haken nehmen; etwas abhängen.
19 **le lustre:** Kronleuchter, Deckenleuchte.

vençaux, une corrida de Picasso. Je m'apprêtais à fermer la porte sur le décor rendu à l'anonymat quand je me suis souvenu de l'échelle appuyée au pignon et sur laquelle je n'étais jamais monté, du tonneau d'eau de pluie sous le coude de la gouttière, de la trappe mystérieuse située juste sous le pointu du toit. L'échelle était toujours là, posée à l'abri le long du mur. Je l'ai dressée en direction du rectangle à la peinture écaillée et j'ai entrepris l'ascension, saisi de vertige au quatrième échelon, sous le regard ironique de Leïla. J'ai passé deux doigts dans l'œilleton pour tirer le panneau vers moi, dérangeant des abeilles qui avaient élu domicile sous les tuiles. Je me suis hissé dans le grenier minuscule. Il était impossible de s'y tenir autrement qu'accroupi. Je l'ai traversé en canard pour en dresser l'inventaire. Une pile de vieux journaux,

1 **la corrida:** Stierkampf.
1f. **s'apprêter à faire qc:** sich anschicken etwas zu tun.
2 **un anonymat:** Anonymität.
3 **le pignon:** Giebel.
4 **le tonneau:** Fass.
5 **le coude:** hier (tech.): Krümmung, Knie.
la gouttière: Dachrinne.
la trappe: Falltür.
7 **à l'abri** (loc. prép.): sicher vor, geschützt gegen (*un abri:* Schutzdach, fig.: Schutz).
8 **le rectangle:** Rechteck.
8f. **écaillé, e:** abgeblättert.
9 **le vertige:** Schwindel.
10 **un échelon:** Sprosse.
11 **un œilleton:** Trieb (bot.); rundes Visier; hier: kreisrunde Öffnung.
15 **accroupi, e:** kauernd, hockend.
en canard (loc. adv.): im Watschelgang.
16 **un inventaire:** Bestandsaufnahme; Inventar.

des *Illustration* à l'encre bistre, bouffés par les souris, une ménagère de douze pièces ternies par le temps, un baigneur à tête de porcelaine et, tout au fond, une valise rigide couleur fauve aux arêtes renforcées par des coins métalliques. J'ai d'abord descendu la poupée, les couverts, puis le bagage lors du dernier voyage. Leïla a tenté de faire jouer les serrures.

– Elle est lourde ... Imagine qu'elle soit bourrée de fric!

J'ai haussé les épaules.

– Tu as bien vu dans quoi elle vivait ...

– Avec les vieux, ça ne veut rien dire. À Créteil, un matin d'hiver, ils ont ramassé un clodo congelé, place du marché. Avant de brûler sa cahute, un pote à mon père, qui bosse à la voirie, est allé faire un tour à l'in-

1 **bistre:** dunkelbraun.
bouffer qc (fam.): etwas auffressen.
2 **la ménagère:** Besteckgarnitur.
terni, e: angelaufen, glanzlos.
3 **un baigneur:** hier: Babypuppe.
4 **fauve:** wild.
une arête: Kante.
7 **faire jouer les serrures:** ausprobieren, ob das Schloss schließt bzw. sich öffnen lässt.
8 **bourré, e de:** vollgestopft mit.
9 **le fric** (fam.): Geld.
10 **hausser les épaules:** mit den Schultern zucken.
13 **le clodo** (fam.): Stadtstreicher (von *le clochard:* Stadtstreicher, und *crado*, inv.; fam.: schmutzig, schmuddelig).
congelé, e: hier: erfroren.
14 **la cahute:** (armselige) Hütte.
le pote (fam.): Kumpel.
15 **bosser** (fam.): schuften, rackern.
la voirie: öffentliche Straßen und Wege; Straßenverwaltung; hier: Müllabfuhr.

térieur pour voir s'il n'y avait rien qui risquait d'exploser ... Il a tout remué, il est tombé sur un sac-poubelle rempli de billets chiffonnés en boule! Qu'est-ce que tu ferais, toi, s'il y avait un million de dollars là-dedans?

J'ai soulevé la valise.

– Un million de dollars? J'en filerais la moitié à ma mère. Je crois bien que tu m'aiderais à dépenser le reste ... Le pote de ton père, qu'est-ce qu'il a fait?

– Il a arrosé la découverte du magot avec son chef et les autres types de son équipe, au café du coin. C'est remonté jusqu'aux flics qui ont tout ramassé, dans l'heure. Comme le clodo avait une fille, c'est elle qui a hérité des boulettes. En guise de remerciement, elle a envoyé un chèque de cinq cents balles à la caisse des écoles.

Elle m'a montré la ménagère.

– Il y a plein de couteaux, là-dedans, tu devrais pouvoir l'ouvrir, non?

– Les surprises, ça se mérite. Je ferai sauter le couvercle ce soir, après le dessert ...

La voisinc nous attendait sur le trottoir. Elle vou-

2 **remuer qc:** hier: etwas durchwühlen.
3 **chiffonner qc:** etwas zerknittern, etwas zusammenknüllen.
en boule (loc. adj.): kugelförmig.
7 **filer qc à qn** (fam.): jdm. etwas geben, jdm. etwas verpassen.
10 **arroser qc** (fam.): etwas begießen.
le magot: Berberaffe; hier (fam.): versteckte Ersparnisse.
12 **remonter à qn:** auf jdn. zurückgehen; hier: bis zu jdm. durchdringen.
14 **la boulette:** kleine Kugel.
en guise de (loc. prép.): als.
15 **la balle** (fam.): (vor der Einführung des Euro) französischer Franc.
20f. **le couvercle:** Deckel.

lait garder un souvenir de celle qui partageait ses conversations depuis plus de quarante ans. Son choix s'est porté sur la litho de Picasso, des gradins noirs, des silhouettes en chapeau avec un taureau couleur sanguine, au centre de l'arène. Je me suis installé au volant. Le temps de lancer la deuxième vitesse, on longeait le Clos Saint-Lazare, une cité où les fins de mois commençaient dès la première semaine. Des mômes se sont fait serrer par une patrouille, devant nous, à deux sur une mob, sans casques. On a dépassé l'image banale de la fouille au corps, mains sur le capot, tronc fléchi, jambes écartées. J'ai accéléré. «La voie que tu as tracée ne mène à rien» ... Les mots rageurs de Rachid Taha, dans l'habitacle, ont couvert le grésillement de la fréquence des flics qui égrenait la litanie des heures ordinaires. J'avais obtenu l'autorisation d'entreposer le matériel pendant quelques jours dans une annexe du gymnase, en attendant que

3 **la litho(graphie):** Lithografie, Steindruck.
les gradins (m., pl.): ansteigende Sitzreihen, Ränge.
5 **sanguin, e:** blut...; hier: blutrot.
une arène: Arena.
9 **le/la môme** (fam.): Kind, Balg, Gör.
se faire serrer (fam.): sich schnappen lassen.
10 **la mob:** Abk. von *la mobylette:* Mofa.
11 **la fouille:** Durchsuchung.
11 f. **le capot:** Motorhaube.
12 **écarté, e:** gespreizt.
13 **tracer qc:** etwas zeichnen, skizzieren; hier: etwas vorgeben, vorzeichnen (Weg).
14 **un habitacle:** (im Auto:) Fahrgastzelle.
15 **le grésillement:** Knistern, Rauschen.
égrener: entkernen; hier (fig.): herunterbeten.
18 **une annexe:** Nebengebäude.

le brocanteur de la rue Réchossière vienne proposer un prix, pour tout le lot. Il était presque une heure quand j'ai rendu la fourgonnette, après on a poussé à pied jusqu'à l'Orange bleue, pour se partager un couscous. Les trois salles en enfilade, décorées à la mauresque, étaient pleines à craquer d'employés des start-up qui investissaient les trente étages rénovés de la tour Pariféric. On s'est installés près du bar. Saïd, le patron, un ancien poids mouche reconverti dans la semoule, est venu nous saluer. Il a pointé son mocassin sur la valise avant de prendre la commande.

– Vous partez où en vacances, les amoureux?

2

Leader Prince

Juste après, dans l'appartement, on s'est pris une douche ensemble pour se débarrasser de l'odeur d'abandon, de la poussière de la cité jardin. J'ai fait mousser

1 **le brocanteur:** Trödler.
2 **le lot:** Gewinn, Treffer; hier: Posten.
5 **en enfilade:** in einer langen, geraden Reihe.
6 **mauresque:** maurisch.
plein, e à craquer: zum Bersten voll, brechend voll.
7 **le start-up** (angl.): junges aufstrebendes Unternehmen.
9 **le poids mouche:** Fliegengewicht (Boxen).
reconverti, e dans qc: auf etwas (einen anderen Beruf) umgeschult, umgestiegen.
10 **la semoule:** Grieß.
16f. **un abandon:** Verlassen; hier: Verlassenheit.
17 **mousser:** schäumen.

le savon entre mes mains puis je l'ai caressée sous l'eau tiède jusqu'à ce qu'elle se soulève légèrement en prenant appui sur mes épaules, pour que nous ne fassions plus qu'un. Je louais un deux-pièces dont personne ne voulait, au rez-de-chaussée d'une barre HLM, au-dessus du local où répétaient les groupes du quartier. J'avais à peu près les mêmes horaires qu'eux, dans la vie, sincèrement ça ne me dérangeait pas que le plancher résonne au rythme des basses, passé dix heures. Celui que je préférais, c'était Spliff Ganja, une formation moitié haïtienne, moitié kurde qui avait chanté son tube à la télé, chez Drucker, un dimanche où il avait invité Jack Ralite, le maire d'Aubervilliers:

J'vends du shit à Thorez
J'fourgue du crack à Duclos
Mon dealer c'est Timbaud
Si ça peut t'mettre à l'aise.

3 **prendre appui sur qc:** sich auf etwas stützen (*un appui:* Stütze, Halt).
4 **un deux-pièces:** hier: Zweizimmerwohnung.
5 **la barre:** hier: langer Kasten.
6 **répéter:** hier: üben.
9 **résonner:** (wider)hallen.
10 **passé dix heures:** später als zehn Uhr.
12 **Drucker:** Michel Drucker, geb. 1942, in Frankreich bekannter Fernsehmoderator (z. B. der Sendung *Vivement dimanche*).
15 ff. **Thorez, Duclos, Timbaud:** Maurice Thorez (1900–64), Jacques Duclos (1896–1975), Jean-Pierre Timbaud (1904–41), führende Vertreter des *Parti Communiste Français* bzw. der kommunistischen Gewerkschaft *CGT*.
16 **fourguer** (fam.): verscheuern.

J'ai passé un boubou gris-bleu éclairé au cœur par un soleil orangé, Leïla est restée nue. J'ai essayé de faire céder les serrures à l'aide de la pointe d'un couteau, d'un tournevis, mais je n'ai réussi qu'à casser la lame, tordre le métal. J'ai fini par me munir d'une pince-crocodile pour tirer de toutes mes forces sur le fer enchâssé. Le cuir, sec comme du parchemin, s'est déchiré d'un coup sur une vingtaine de centimètres. J'ai agrandi l'ouverture, à l'aide des deux mains, on s'est penchés dans le même mouvement, pour voir ce qu'il y avait à l'intérieur. Les billets n'étaient pas au rendez-vous, ni l'or des lingots. Tout ce qu'il y avait à se partager, c'était du papier. J'ai empilé une vingtaine de bouquins sur la table, des romans, de la poésie, plusieurs livres à la couverture jaunie, sur la guerre d'Algérie, d'autres qui parlaient d'Afrique ou d'Indochine. Tout au fond, il ne restait qu'un vieil album de photos aux bords dentelés, avec le nom et l'adresse du photographe, «Chastaud, Paris», en incruste noire penchée sur fond crème. Une dizaine de clichés ont

1 **le boubou:** Tunika (der Schwarzafrikaner).
4 **le tournevis:** Schraubenzieher.
5 **tordre:** drehen, verdrehen.
5f. **le pince-crocodile:** Krokodilklemme.
6f. **enchâssé, e:** eingepasst.
7 **le parchemin:** Pergament.
12 **le lingot:** (Gold-)Barren.
14 **le bouquin** (fam.): Buch.
15 **jauni, e:** vergilbt.
18 **dentelé, e:** gezackt, gezahnt.
19 **une incruste:** Einlegearbeit.
20 **le cliché:** Druckplatte; Klischee; hier: Negativ.

glissé quand je l'ai saisi par la tranche. J'ai tourné une à une les pages cartonnées, protégées par du papier cristal. Il n'y avait rien dans les cadres, les petites incises en biais destinées à retenir le coin des photos semblaient ne jamais avoir été soulevées. Leïla avait plongé le bras dans la valise pour se saisir des bromures éparpillés. Elle les a alignés sur la table après avoir poussé les livres. J'ai pointé le doigt sur le premier cliché qui représentait un groupe d'hommes endimanchés, chaussures cirées sur un chemin de boue, entourant une femme souriante, cheveux lâchés.

– Tiens, regarde, c'est elle, c'est ma grand-mère …

Au second plan, on apercevait une infinité de cahutes en bois, des toits de tôle, des cheminées de guingois qui crachaient une fumée blanche sur le gris plombé du ciel. Elle s'est penchée, je l'ai fait frissonner en passant ma paume sur le moutonnement de ses vertèbres, dans son dos.

1 **la tranche:** hier: Schnitt.
3f. **une incise:** Einschnitt.
5 **soulever qc:** etw. anheben.
6f. **la bromure:** Bromid.
7 **éparpillé, e:** verstreut.
9f. **endimanché, e:** sonntäglich gekleidet.
10 **ciré, e:** blankgeputzt.
11 **cheveux lâchés:** mit offenem Haar.
13 **le second plan:** Mittelgrund; (fig.) Hintergrund.
14f. **de guingois** (loc. adv.; fam.): schief.
15 **cracher:** ausspucken.
16f. **frissonner:** frösteln.
17 **la paume:** Handfläche.
le moutonnement (fig.): Kräuselung; hier etwa: Gewoge.
18 **la vertèbre:** Wirbel.

– C'est tous des types de chez moi … Il y en a même un qui ressemble à mon père … Elle date de quand?

J'ai retourné le rectangle de carton. Une date au crayon figurait en plein centre.

– C'est marqué «Rose Perron, 1961», elle avait trente ans …

– Je lui en donnais au moins dix de plus! Regarde, là, c'est quoi? Tu savais qu'elle allait en vacances en Afrique?

Du bout de l'ongle, j'ai saisi la photo qu'elle me désignait. Ma grand-mère, en pantalon noir, chemisier clair, s'adressait à un auditoire presque exclusivement africain et masculin, juchée sur un tabouret, au milieu d'une cour qui abritait un marché exotique, tissus, patates douces, bananes plantain, taros, ignames et mil.

– Parce que tu crois qu'en Afrique, il y a des moulins à vent? On le voit, là, tout petit entre deux immeubles avec ses ailes … Et plus loin, on dirait le périphérique …

Elle m'a chiffonné les cheveux.

– Des moulins à vent près du périph, c'est encore

12 **un auditoire:** Publikum.
13 **juché, e:** hoch oben (sitzend).
le tabouret: Hocker, Schemel.
14 **abriter:** Schutz bieten; hier: beherbergen.
14f. **la patate douce:** Süßkartoffel.
15 **la banane plantain:** Kochbanane.
le taro: Taropflanze (*Colocasia esculenta*, ein tropisches Knollengemüse).
une igname: Jamswurzel.
le mil: Hirse.
18f. **le périphérique:** Autobahnring um Paris.
20 **chiffonner qc:** etwas zerknittern; hier: etwas zerwühlen.

plus dingue que s'ils brassaient l'air en Afrique. Tu as fumé quoi, ce matin, le shit à Timbaud?

Rose se tenait encore devant le mur crénelé d'une usine hérissée de drapeaux, en compagnie d'une vingtaine d'ouvriers, près d'un brasero sur lequel cuisaient des sardines, on la voyait aussi avec des Chinois ou des Vietnamiens dans un square, près d'un bac à sable tandis que derrière elle passait un autobus à plateforme. La série s'achevait quelques années plus tard, en 1975. La taille épaissie, les traits marqués, elle conversait avec un pope sur les berges de la Seine.

– Le Maghreb, l'Afrique, la Chine, la Russie ... Elle faisait quoi au juste comme métier, ta grand-mère? Ministre des Affaires étrangères?

J'ai rassemblé les photos, je les ai taquées sur le coin de la table, à la manière d'un jeu de cartes.

– Je ne pige rien à tout ça ... Elle bossait à la RATP. Elle vendait les tickets et les cartes hebdomadaires, au terminus de la Porte de la Chapelle. Quand

1 **dingue** (fam.): wahnsinnig, verrückt.
brasser: brauen; hier: umwälzen.
3 **crénelé, e:** mit Zinnen versehen.
4 **herissé, e de:** bedeckt mit.
5 **le brasero:** Kohlenbecken.
7 **le square:** kleine Grünanlage.
le bac à sable: Sandkasten.
10 **épaissir:** dick werden.
11 **le pope:** Pope, Priester der russisch-orthodoxen Kirche.
15 **taquer qc:** etwas (einen Stapel Karten usw.) auf Deckungsgleichheit zusammenstoßen.
17 **piger** (fam.): kapieren.
18 **RATP:** Abk. von *la Régie autonome des transports parisiens*, Pariser Verkehrsbetriebe.

j'étais gamin, mon père m'emmenait au cinéma, à Paris. Il n'allait voir que de vieux films américains en noir et blanc, rue des Écoles. Des trucs qu'on voit maintenant sur le câble. On arrivait de la mairie d'Aubervilliers, avec le bus 65, il achetait un journal au kiosque pour le voyage, et on descendait les marches. Dès qu'elle nous voyait, elle sortait de sa guérite, en uniforme gris, la casquette en équilibre sur ses cheveux, le sac de service en bandoulière, elle venait nous embrasser. J'adorais le métro, foncer à toute allure dans les tunnels, les yeux fermés, comme si j'étais dans le train fantôme ... Je me faisais du cinoche: j'imaginais que la grand-mère était la propriétaire de tout le sous-sol, que c'était elle qui autorisait les gens à venir en profiter ... Je ne l'ai jamais vue avec aucun de ceux-là. Jamais.

Leïla s'est habillée pour aller suivre un cours sur la littérature francophone des Caraïbes, à la fac de Saint-Denis. Elle n'était pas sûre qu'il ait lieu: des étudiants sans papiers occupaient le hall de l'université depuis une bonne semaine, et une tentative d'expulsion par les flics avait mis le feu aux poudres. De

4 **le câble:** hier: Kabelfernsehen.
7f. **la guérite:** Schilderhaus; hier: Baracke.
9 **en bandoulière:** über der Schulter hängend.
10f. **une allure:** hier: Tempo.
12 **le train fantôme:** Geisterbahn.
le cinoche (fam.): Kino.
14 **le sous-sol:** Untergeschoss.
18 **les Caraïbes:** Kariben, Bewohner der Karibik.
21f. **une expulsion:** Ausweisung.
22 **mettre le feu aux poudres** (fig.): zum Funken im Pulverfass werden.

mon côté, je ne reprenais mon boulot d'emploi-jeune au gymnase qu'en début de soirée, une démonstration aux agrès dans la petite salle, un entraînement de hand-ball dans la grande, plus la tchatche des branleurs de la cité d'en face dans le sas. D'un coup de voiture, je l'ai emmenée jusqu'au campus. Une banderole barrait les noms des écrivains du monde, sur la passerelle de la bibliothèque: «Nous, étrangers, toujours peur.»

– Tu ne crois pas que tu vas perdre ton temps?

Elle m'a répondu en riant, avec un vers de Spliff Ganja.

– *T'es pas mon père, c'est l'temps qui m'perd …*

J'ai cueilli le baiser, sur ses lèvres et j'ai accompagné des yeux le rythme de son éloignement, avant de diriger la pointe du capot sur Pantin. C'est Henri qui m'a ouvert. Pas de «bonjour», ni d'un côté ni de l'autre.

– Je viens voir ma mère …

Un mouvement du menton vers la salle de séjour pour toute réponse. Elle a baissé le son de la télé en me voyant entrer. *Amour et beauté*, un feuilleton à prénoms, comme les appelait Leïla, dans lequel Johnny aime Jenny qui le trompe avec Rocky dont

3 **les agrès** (m.): Sportgeräte.
4 **la tchatche** (fam.): Redetalent; lockeres Mundwerk; Jugendsprache der Vorstädte; hier: Geplauder, Geschwätz.
4f. **le branleur** (pop.): Wichser.
5 **le sas:** Schleusenkammer; hier: Durchgangsraum.
6 **le campus:** Universitätsgelände.
7 **barrer:** verstellen, versperren; hier: quer laufen über.
8 **la passerelle:** Steg; hier: Galerie.
14 **cueillir:** pflücken; hier: auffangen.

Billy aurait pu faire le bonheur s'il avait eu le courage de se l'avouer. Je l'ai mise au courant, pour le déménagement, puis j'ai sorti les photos.

– J'ai trouvé tout ça dans une valise, au grenier … Elle fait quoi grand-mère, avec tous ces gens?

Elle les a regardées rapidement, une à une, en les tournant à chaque fois pour déchiffrer la date portée au verso, au crayon noir.

– La première date de 1961, la dernière de 1975 … Avec ton père, nous nous sommes rencontrés trois ans plus tard seulement … Je ne connais personne là-dessus, à part elle bien sûr … On est restées à distance toutes les deux, le temps que notre mariage a tenu … Elle ne m'a jamais pardonné de lui avoir pris son fils unique. Elle a eu sa revanche avec la maladie, quand il est reparti finir sa vie chez elle.

Elle ne m'en avait jamais dit autant sur eux deux, pour tout dire ça me mettait mal à l'aise. Depuis des années, j'effaçais tout derrière mon passage. Je répugnais à aller le voir à l'hôpital, à cause de l'odeur de médicaments, de Javel, des éclats de souffrance que l'on vole malgré soi, en longeant les couloirs. C'est seulement depuis Leïla que je me retournais pour revoir les images. Elle avait de nouveau été happée par *Amour et beauté*. J'ai insisté.

2 **mettre au courant:** Bescheid geben.
8 **le verso:** Rückseite.
15 **la revanche:** Rache.
19f. **répugner à faire qc:** verabscheuen etwas zu tun.
21 **une (eau de) Javel:** Chlorwasser.
un éclat: hier: Ausbruch.
24 **être happé, e par qc** (fig.): von etwas mitgerissen, erfasst werden.

– Tu ne sais vraiment pas où elles ont été prises, ni qui c'est?

– Pourquoi tu t'intéresses à elle d'un seul coup! Comment veux-tu que je te parle de quelque chose que je n'ai pas connu? Ça faisait des lustres que tu n'étais pas allé lui souhaiter ne serait-ce que la bonne année ... Si j'étais à ta place, je l'aurais demandé aux Africains et aux Chinois qui suivaient l'enterrement.

J'ai levé les yeux au ciel.

– Je ne pouvais pas deviner que je tomberais ce matin sur ces photos!

Sans s'en rendre compte, elle m'avait indiqué dans quelle direction chercher. Je suis redescendu à temps pour décourager une contractuelle qui tournait autour de ma voiture garée à cheval sur le trottoir, dans la foulée j'ai filé droit sur les Quatre-Chemins. La boutique des pompes funèbres était coincée entre une pizzeria signalée par une flotte de dix mobylettes aux couleurs de l'Italie, et un coiffeur turc, Boulba, qui rasait les têtes à la Barthez à des tarifs défiant toute concur-

3 **d'un seul coup** (loc. adv.): auf einmal.
5 **ça fait des lustres** (fam.): es ist ewig lange her.
13 **à temps:** rechtzeitig.
14 **la contractuelle:** Politesse.
15 **à cheval sur:** rittlings auf; hier: halb auf.
15f. **dans la foulée** (loc. adv.; fig.): gleich anschließend (*la foulée:* Galoppsprung, Schritt).
16f. **la boutique des pompes funèbres:** Beerdigungsinstitut.
17 **être coincé, e:** eingezwängt sein.
20 **Barthez:** Fabien Barthez, Torhüter der französischen Nationalmannschaft, Fußballweltmeister 1998.
20f. **défier toute concurrence:** konkurrenzlos niedrig sein.

rence. Le faire-part de Rose Perron était affiché sur la devanture, au milieu d'une dizaine d'autres. C'était le seul à être dispensé de croix. Je suis entré et j'ai reconnu le type qui distribuait les fleurs au cimetière. Il a levé vers moi un visage d'une totale impassibilité.

– Vous désirez?

Comme si on pouvait désirer en pénétrant dans ce type de commerce! J'ai tendu le bras vers la vitrine.

– On a enterré ma grand-mère, hier matin ... Je voulais savoir s'il y avait eu un cahier de condoléances, pour envoyer les lettres de remerciement ...

Il a planté les coudes sur son bureau, croisé ses doigts, pris sa respiration.

– Bien entendu ... Nous avions prévu de vous le faire parvenir en fin de semaine, comme il est d'usage, avec des enveloppes et des cartes imprimées ...

Je l'ai interrompu.

– On a besoin d'avoir les adresses maintenant ... On ne peut pas attendre.

Il a tendu le cou, la bouche en bec de canard, puis il a déplié sa carcasse pour saisir une enveloppe à mon nom de famille posée sur une étagère. Je l'ai ouverte dès que je me suis assis au volant. Les deux voisines

1 **le faire-part:** Anzeige.
2 **la devanture:** Schaufenster.
3 **être dispensé, e de qc:** von etwas befreit sein, ohne etwas.
5 **une impassibilité:** Unbewegtheit.
7 **pénétrer:** eindringen.
10f. **le cahier de condoléances** (f.): Kondolenzbuch.
15 **faire parvenir:** zukommen lassen.
21 **déplier:** entfalten, auseinanderfalten.
la carcasse: Rumpf, Gerippe.

de la cité jardin de Stains inauguraient le livret: Germaine Vieillard, rue des Acacias, Louise Desmarches, allée des Peupliers. Sur la page suivante, Mohand Senoussi avait fait précéder son patronyme et son adresse, rue Bauer à Saint-Ouen, de sa signature en calligraphie arabe. Albert et Fatou Siko, d'Ivry, devaient correspondre au couple africain, Alvarez à l'espagnol tandis que Ung Kien de Choisy-le-Roi, d'évidence, désignait le vieil Asiatique. Je me suis senti proche d'elle, d'un seul coup, en me souvenant que moi aussi j'avais plein de potes venus de partout. Six mois plus tôt, le journaliste d'une revue branchée m'avait tendu son micro à la fin d'un concert que Gwana Diffusion donnait dans la salle Houdremont des 4000, à La Courneuve. «C'est quoi pour toi, la société multiculturelle?» J'avais fait semblant de réfléchir avant de lui servir une vanne que je tenais en réserve. «Tu vois, mec, au milieu de tous mes copains rebeus, feujs, blacks, sri, paki et namiens, je crois que

1 **inaugurer:** einweihen.
le livret: kleines Buch, Heft.
4 **le patronyme** (litt.): Familienname.
6 **la calligraphie:** Kalligrafie, Schönschrift.
12 **être branché, e** (fam.): ‚in' sein.
17 **la vanne** (fam.): Stichelei.
19 **le rebeu** (arg.): »verlan« von *beur*, seinerseits »verlan« von *arabe*: (in Frankreich geborener) Nordafrikaner (*le verlan:* französische Jugendsprache, bei der die Reihenfolge von Silben umgekehrt wird; *verlan = l'envers*).
le feuj (arg.): *verlan* von *juif*: Jude.
sri (fam.): *sri-lankais.*
paki (fam.): *pakistanais.*
namien (fam.): *vietnamien.*

je n'ai pas trop mal réussi mon intégration.» Il avait repris ma réponse au premier degré, sans comprendre que je me foutais de lui, de son incursion en territoire indien, et dans son canard ma phrase se trouvait en regard de celle d'un écrivain qui disait: «Je me suis aperçu qu'il y avait un problème, en France, quand j'ai constaté que sur la photo de sa classe, ma fille était la seule Blanche.» Je pensais depuis toujours que le problème, c'est quand on regarde en tout premier la couleur de la peau, qu'elle sert à masquer la flamme qui brille dans les yeux des humains. Au milieu de mon demi-tour sur l'avenue, j'ai dû piler pour laisser passer Leader Prince, un type un peu fou qu'on surnommait ainsi parce qu'il se baladait, à longueur d'année, avec des sacs de chez Leader Price enroulés sur ses chaussures, ses mains, son crâne. Sous le viaduc de la Villette, un panneau lumineux annonçait qu'il fallait compter plus d'une demi-heure de périph pour rejoindre la porte de Bercy. J'ai pris l'ancien chemin des fortifs, une succession de rues étroi-

2 **au premier degré:** wortwörtlich.
3 **se foutre de qn** (fam.): auf jdn. pfeifen, sich über jdn. lustig machen.
une incursion: Einfall.
4 **le canard** (fam.): Zeitung, Käseblatt.
4f. **en regard de** (loc. prép.): verglichen mit.
12 **le demi-tour:** Kehrtwende.
piler (fam.): mit einem Schlag anhalten.
14f. **à longueur d'année:** das ganze Jahr.
15f. **enroulé, e sur qc:** um etwas gewickelt.
17 **le panneau lumineux:** Leuchtanzeige.
20 **la fortif(ication):** Befestigung, Befestigungsanlage.
la succession: Abfolge.

tes bordées d'entrepôts, de dépôts de voirie qui, au prix de deux ou trois sens interdits, permettaient de snober les bouchons.

3

La légende des banlieues du monde

Je suis sorti à la porte d'Ivry. La première surprise sur laquelle je suis tombé, c'est le moulin à vent de la photo. Il était posé sur un petit monticule face à l'Espace Léo-Ferré, un cabaret anar exilé en banlieue qui s'était niché là, au rez-de-chaussée d'un immeuble social, à la place d'un commerce qui n'était jamais venu. Il a fallu que je demande mon chemin à plusieurs reprises pour trouver la cité Spinoza, deux barres sur pilotis jointes à angle droit, aux façades animées par des escaliers de secours peints de couleurs criardes. Mini-chaîne posée sur le toit, rap à fond la caisse, deux jeunes bricolaient le moteur d'une Twingo. À ma question, ils ont répondu que ça ne craignait pas

1 **un entrepôt:** Lagerhaus.
le dépôt de voirie: Mülldeponie.
3 **snober** (fam.): von oben herab behandeln; hier: links liegen lassen.
9 **le cabaret:** Nachtlokal, Bar.
anar(chiste): anarchistisch.
10 **se nicher:** sich einnisten.
12f. **à plusieurs reprises** (loc. adv.): mehrfach.
14 **le pilotis:** Rammpfahl.
16 **le mini-chaîne:** Kompaktanlage.
à fond la caisse (fam.): volle Lautstärke, volles Rohr.
18 **ça craint** (fam.): das ist mies, das ätzt.

trop dans le secteur, que si ça se passait comme d'habitude, je pourrais repartir sur mes quatre roues. J'ai repéré le nom, Siko, au milieu des dizaines de boîtes aux lettres. C'est lui qui m'a ouvert la porte d'un appartement, au dernier étage. Il m'a souri, comme s'il m'attendait, et m'a fait entrer dans une pièce aux meubles bas. Les fenêtres donnaient sur une terrasse envahie par les fleurs. Au loin, on voyait les courbes de la Seine ficelées par une multitude de ponts, d'autoroutes, avec au fond les énormes cheminées de l'usine d'incinération qui crachaient des nuages blanchâtres dans le ciel.

– J'étais en train de me faire du café. Vous en voulez? Asseyez-vous ...

J'ai pris place sur une chaise de jardin, près d'une paroi de béton à laquelle s'accrochaient les milliers de minuscules tentacules velus d'une vigne vierge.

– J'ai eu votre adresse par le cahier de condoléances ...

J'ai dit ça comme pour m'excuser, quand il est revenu avec le plateau, les tasses et des gâteaux belges, à la cannelle.

– C'est exactement à cela que ça sert, sinon on se

3 **repérer qc/qn:** etwas/jdn. ausfindig machen.
9 **ficeler:** zubinden, zusammenschnüren.
la multitude: Vielzahl, Menge.
11 **une incinération:** Verbrennung; hier: Müllverbrennung.
11 f. **blanchâtre:** weißlich.
16 **la paroi:** Mauer.
17 **le tentacule:** Fangarm.
velu, e: stark behaart, haarig.
la vigne vierge: wilder Wein.

contente de signer … Vous êtes quoi pour Rose? Son petit-fils?

C'était le premier à me le dire. J'ai senti comme un picotement sous les paupières.

– Du côté paternel … Mon père est mort il y a quelques années, lui aussi …

Il m'a regardé droit dans les yeux, fixement, en me tendant ma tasse.

– C'est bien ce que je me disais. Tu sais que tu lui ressembles beaucoup à Frédéric. À part ce que tu as sur la tête. Frédo n'aurait jamais osé porter de casquette américaine, la seule chose qu'il leur trouvait de bien, aux Américains, c'était leur cinéma … Il avait la même façon que toi d'ouvrir les yeux sur le monde.

Mon cœur battait à tout rompre. J'ai bu une gorgée brûlante, pour me donner le temps de reprendre mes esprits.

– Vous avez connu mon père? Il venait ici?

Albert Siko a trempé la pointe d'un Spéculos dans son café.

– Non, je n'habite à Spinoza que depuis quinze ans. Au moment du déménagement, ça faisait déjà quelque temps qu'on s'était perdus de vue … Rose l'emmenait avec elle. Il jouait dans l'impasse avec les ga-

4 **le picotement:** Prickeln, Kribbeln.
7 **fixement:** fest, starr.
16 **battre à tout rompre:** sehr heftig schlagen.
la gorgée: Schluck.
20 **tremper qc dans qc:** etwas in etwas tränken, eintauchen.
Spéculos: Eigenname einer Biscuitmarke.
25 f. **le gamin / la gamine:** kleiner Junge, kleines Mädchen.

mins du quartier. Plus tard, il préférait rester avec Moktar, le patron d'un petit restaurant marocain qui lui apprenait à jouer des derboukas.

Je me suis souvenu tout à coup de gestes effacés, je l'ai revu qui ne pouvait s'empêcher, dès qu'une musique balançait un peu, d'accompagner le rythme en frappant le bord de la table, les accoudoirs du fauteuil.

– Elle était où, cette impasse?

Il s'est penché vers moi.

– Tu connais bien Ivry?

– Non, quand on est de la banlieue nord, c'est rare qu'on mette les pieds dans le coin … Il faut avoir de la famille.

Il a joint les mains avant d'éclater de rire.

– Il va falloir que tu apprennes ma géographie parce qu'à compter d'aujourd'hui, tu en as de la famille par ici! Presque plus rien n'existe des rues qu'on longeait à l'époque. Aujourd'hui, aucun des étudiants-architectes ou des futurs urbanistes qui viennent du monde entier s'agenouiller devant les immeubles triangulaires du centre-ville, avec leurs jardins en terrasse, ne peut s'imaginer ce qu'il y avait avant. Des sentiers aux pavés disjoints, des murs lépreux, des

3 **la derbouka:** arabische Trommel, Membranophon.
6 **balancer:** schwingen.
7 **un accoudoir:** Armlehne.
15 **éclater de rire:** in Lachen ausbrechen (*éclater:* platzen; losbrechen).
20 **un urbaniste:** Stadtplaner.
21 **s'agenouiller:** sich hinknien.
24 **disjoint, e:** aus den Fugen gegangen; hier: mit weiten Fugen.
lépreux, -euse: aussätzig, leprakrank; hier (fig.): fleckig, verwittert.

trottoirs défoncés éclairés par des becs de gaz faiblards ... Il restait encore pas mal de maraîchers qui faisaient pousser de la salade et des carottes à deux pas de la mairie, un horticulteur qui fournissait le marché aux fleurs de l'île de la Cité ... Je travaillais dans le 15ᵉ. Tous les matins je profitais du car qui venait ramasser les ouvriers de chez Citroën pour les déposer aux portes de l'usine de la porte Balard. Je leur faussais compagnie avant le terminus, à un feu rouge proche du Palais des Sports pour remonter à pied la rue de Vaugirard jusqu'à l'atelier de fabrication des boules Quies où je m'occupais du conditionnement.

– Drôle de boulot ... On sait que ça existe, mais c'est toujours marrant de rencontrer les gens qui les fabriquent ...

Il a repris un gâteau.

– En Afrique, quand je leur en ai envoyé, ils ont tout de suite appelé ça les «suppositoires des oreilles» ... L'ambiance était bonne. J'étais mieux là que

1 **défoncé, e:** eingedrückt, eingesunken; hier: voller Schlaglöcher.
le bec de gaz: Gaslaterne.
1f. **faiblard, e:** schwach.
2 **le maraîcher / la maraîchère:** Gemüsegärtner(in).
4 **un horticulteur / une horticultrice:** Gärtner(in).
6 **le 15ᵉ (arrondissement):** 15. Stadtbezirk in Paris.
9 **fausser compagnie à qn:** plötzlich jdn. verlassen.
le terminus: Endstation.
12 **la boule Quies:** Ohropax.
12f. **le conditionnement:** Verpackung.
15 **marrant, e** (fam.): lustig.
19 **le suppositoire** (méd.): Zäpfchen.

sur les chaînes, avec les gardes-chiourmes qui minutent tes gestes, qui t'empêchent d'aller pisser, ou alors sur les chantiers, à faire l'équilibriste sur les poutrelles, sans filet de protection … J'ai plein de potes qui ont fait le grand plongeon. Il n'y a pas de plaque, dans les halls, pour rappeler qu'il y a du sang dans le béton …

Il a laissé passer quelques secondes avant de reprendre:

– L'impasse, en fait c'était une ruelle, la ruelle des Malicots. Entre nous on disait le marigot, bien que j'en aie connu de plus hospitaliers. Un véritable cloaque … Il y avait un peu de tout, des pavillons bricolés avec les rebuts des démolitions de Paris, des casernes où habitaient des ouvriers de chez Postillon ou Damoy, de Démolin, des manœuvres de l'usine de roulements à billes. Nous, les Africains, on louait un ancien corps de ferme humide comme un aquarium. Les murs, c'était de l'éponge, on n'avait pas besoin d'ouvrir la fenêtre pour savoir qu'il pleuvait! Il y avait cinq pièces, et on était cinquante. Dix par piaule. On

1 **le garde-chiourme** (fig.; péj.): brutaler Aufseher (urspr.: Galeerensträflingsaufseher).
1 f. **minuter:** zeitlich genau festlegen.
3 **un équilibriste:** Balancierkünstler.
3 f. **la poutrelle:** kleiner Balken.
5 **le plongeon:** Kopfsprung.
11 **le marigot:** toter Flussarm.
14 **le rebut:** Abfall, Unrat.
16 f. **le roulement à billes:** Kugellager.
18 **le corps:** hier: Gebäudetrakt.
21 **la piaule** (fam.): Bude.

payait cent francs chacun au proprio, pour le mois. Sans chauffage. Je te parle de ça en 1970. C'était une somme, il fallait presque travailler la semaine pour les gagner. En majorité, les compagnons c'était des Sénégalais, des Maliens, plus quelques Mauritaniens de la région d'Atar ou de Chinguetti. L'hiver a été précoce. Il y a eu un gros coup de froid, en octobre de cette année-là, au tout début du mois. Un des gars, frigorifié, s'est levé au milieu de la nuit pour faire du feu, au fond d'une lessiveuse. Tout était calfeutré. Sur les dix, cinq ne se sont pas réveillés le lendemain matin pour prendre le car. C'est à l'occasion de ce drame que j'ai fait la connaissance de ta grand-mère ...

Il s'était levé pour aller prendre un petit dossier dans le tiroir d'une commode, l'avait ouvert tout en continuant à parler.

– Leur mort a provoqué une émotion considérable. Les jours suivants, des dizaines de délégations se sont succédé devant notre gourbi pour nous apporter leur solidarité. Tiens, regarde, c'est un article paru en première page de *France-Soir* ...

J'ai saisi avec précaution la coupure de presse jaunie.

1 **le proprio:** Abk. von *le propriétaire:* Besitzer.
6 **précoce:** früh, vorzeitig.
7 **le coup de froid:** Kälteeinbruch.
8 f. **être frigorifié, e:** ganz durchgefroren sein.
10 **la lessiveuse:** Waschtopf, dampfbetriebener Vorgänger der Waschmaschine.
calfeutré, e: abgedichtet.
19 **le gourbi** (fam.): armselige Hütte.
22 **la coupure:** hier: Ausschnitt.

«Cinq hommes sont morts vendredi matin à Ivry parce qu'ils avaient froid. Quatre Sénégalais et un Mauritanien ont été asphyxiés par des émanations de gaz parce que leurs camarades glacés ont voulu faire un feu, la veille, dans un couvercle de lessiveuse. Un peu de chaleur et beaucoup de fumée dans cette pièce misérable aux volets clos.»

Il figurait sur la photo, dans la cour de l'ancienne ferme, jeune, les cheveux coiffés à l'afro comme Jimmy Hendrix sur les pochettes de CD, près d'un homme râblé au crâne rasé, regard pétillant, qui tirait nerveusement sur une cigarette.

– Là, je ne sais pas si tu as lu ses livres, mais c'est Jean Genet, un grand poète. Il nous a soutenus jusqu'au bout, et pas seulement par les mots. Rose, elle est venue accompagnée d'une autre star de l'époque, un chanteur, Jean Ferrat. Elle s'est mise à notre dis-

3 **asphyxier qn:** jdn. ersticken.
une émanation: Ausdünstung, Ausströmen.

7 **le volet:** Fensterladen.

8 **figurer sur qc:** auf etwas erscheinen.

10 **la pochette de CD:** CD-Hülle.

11 **râblé, e:** untersetzt, vierschrötig.
pétillant, e: sprudelnd; hier (fig.): übersprühend.

14 **Jean Genet:** Romancier, Dramatiker, Dichter (1910–86). Randexistenzen, Homosexuelle, Verbrecher bilden zentrale Figuren seiner Werke, häufig verbunden mit politischem Engagement. Genet war Krimineller, der nach mehreren Verurteilungen und Gefängnisaufenthalten vom Staatspräsidenten Auriol begnadigt wurde, und gilt zugleich als einer der bedeutendsten Autoren im Frankreich der Nachkriegszeit.

17 **Jean Ferrat:** eigtl. Jean Tenenbaum, geb. 1930, einer der bekanntesten französischen Chansonniers der fünfziger bis neunziger

position, elle a organisé des conférences de presse, accumulé des documents sur la situation dramatique des travailleurs immigrés en région parisienne: la tuberculose et même des choses dont on reparle aujourd'hui en faisant semblant de les découvrir, comme le saturnisme, les peintures à base de plomb qui bouffent les globules rouges des mômes. C'est à partir de ce moment-là que le gouvernement a commencé à construire des foyers. Pour nous, c'était un progrès.

Je me suis retenu de lui dire qu'en contrebas du périph, près de chez moi, on empilait six cents de ses frères dans un «foyer» délabré prévu pour moins du tiers. J'ai plongé la main dans la poche intérieure de mon blouson, posé sur le plateau la photo retrouvée dans le grenier, et je me suis levé. Avant qu'on se quitte, il m'a demandé ce que je faisais dans la vie.

– Emploi-jeune. Et vous?

– J'aurais envie de te dire «emploi-vieux» … Sauf que ce n'est pas vrai. Cette histoire a bouleversé ma vie. La mort injuste qui provoque la force des rencontres … Je ne suis jamais plus retourné mettre en boîte les suppositoires des oreilles. Je suis devenu comé-

Jahre. Deutlich links orientiert, geht er mit rechter Politik kritisch ins Gericht.

1 f. **accumuler:** anhäufen.
5 f. **le saturnisme:** Bleivergiftung.
6 **la peinture à base de plomb:** Anstreicherfarbe auf Bleibasis.
7 **le globule:** Blutkörperchen.
9 **le foyer:** Heim.
10 **en contrebas de** (loc. prép.): unterhalb.
12 **délabré, e:** baufällig.
19 **bouleverser:** durcheinanderbringen.

dien. Théâtre surtout, plus un peu de cinéma. Depuis deux ans, je raconte les légendes des banlieues du monde, partout où on veut de moi. Les écoles, les bibliothèques, les hôpitaux … Tu es mon invité permanent: tu connais l'adresse et je ne suis pas sur liste rouge.

Sur le parking, la voiture était intacte. J'ai eu droit, en prime, au sourire des bricoleurs. Au lieu de repartir vers Paris, j'ai décidé de suivre le cours du fleuve, jusqu'à Choisy-le-Roi. Des centaines de camions venaient emplir leurs bennes et leurs citernes sur les quais de déchargement du port d'Ivry. Leur passage soulevait une poussière blanchâtre qui recouvrait le paysage et les péniches alignées.

Ung Kien occupait un pavillon d'angle, près de l'avenue de la République. Lui aussi s'est immédiatement souvenu de moi quand il a tiré la grille. Il m'a fait signe de pénétrer dans un jardin entouré de rosiers grimpants. Il avait échangé quelques mots avec ma mère, au cours de la cérémonie, et savait qui j'étais. Sa femme, une Européenne, est venue me saluer avant de disparaître dans la maison. Il s'est assis

5f. **être sur (la) liste rouge:** eine Geheimnummer für das Telefon haben.
8 **la prime:** Prämie, Zugabe.
11 **la benne:** Kübel; hier: (Wagen-)Kasten.
la citerne: Zisterne.
12 **déchargement:** Ausladen.
14 **la péniche:** Lastkahn.
15 **le pavillon d'angle:** Eckhaus.
17 **la grille:** Gitter.
18f. **le rosier grimpant:** Kletterrose.

sous une tonnelle, a approché de ses yeux le cliché sur lequel on le voyait, discutant avec Rose près d'un square pour enfants, avec un bus à plate-forme qui filait au deuxième plan. Il me l'a rendu.

– C'était la guerre, jeune homme. Je pense que ça va vous paraître curieux, mais c'est un temps que je regrette …

– Quelle guerre?

Il a fermé les yeux, dodeliné de la tête.

– Celle du Vietnam, contre les Américains … La photo a été prise en 1967, cité Robespierre, à Aubervilliers. Avec Dan Quang Minh, Tao et Mih, j'avais été désigné par Hô Chi Minh pour entreprendre des pourparlers secrets avec les émissaires de Nixon. Les journalistes étaient sur notre piste. Ils nous cherchaient dans tous les hôtels parisiens. Aucun n'a eu l'idée que nous étions hébergés par des familles de militants communistes, dans des cités de banlieue. J'étais logé chez Rose, à Stains. Elle me traitait comme son fils. Il avait une dizaine d'années. Pour lui, j'étais un chef indien qui se battait contre les Tuniques bleues. Le matin, près de ce square, je retrouvais mes autres compagnons avant qu'une voiture nous conduise à la rencontre des envoyés spéciaux

1 **la tonnelle:** (Garten-)Laube.
7 **regretter qc:** hier: etwas nachtrauern.
9 **dodeliner de la tête:** den Kopf hin und her wiegen.
14 **les pourparlers** (m.): Verhandlungen.
un émissaire: Abgesandte(r).
15 **être sur la piste de qn:** jdm. auf der Spur sein.
18 **militant, e:** aktives Parteimitglied, Aktivist.

américains, dans un lieu qui changeait chaque jour. Par la suite, les négociations sont devenues officielles. La délégation a pris ses quartiers ici, à Choisy, sous la direction du général Xuan-Thuy.

– Vous en faites toujours partie?

La tristesse a étouffé son rire.

– Non. Quand le Mal est incarné par l'étranger, on ne s'interroge pas sur ceux avec lesquels on le combat. La paix revenue, souvent, on ne se sent pas très fiers de ses alliés de circonstance ... C'est ce qui m'est arrivé à mon retour à Hanoi. Je n'avais plus envie de marcher au pas. Nous nous sommes un peu fâchés, avec votre grand-mère. Elle ne comprenait pas que la seule solution, pour moi, c'était la prison de l'exil. Je vous embête avec tout ça ... Ce sont de vieilles histoires dont personne n'a envie de percer les secrets ... Tout ce que je peux vous dirc, c'est que c'était quelqu'un de très généreux.

Sur le chemin du retour, tout était saturé. Le temps de commander un sandwich brochettes-frites au Tunisien de la place de la Mairie, j'avais dix minutes dans la vue. L'équipe de hand, des féminines, piétinait devant le gymnase. L'entraîneur, pour frimer devant

7 **incarner:** verkörpern.
12 **au pas:** im Gleichschritt marschieren.
16 **percer:** durchbohren; hier (fig.): durchdringen, dahinterkommen.
19 **saturé, e:** gesättigt; hier: von hoher Verkehrsdichte.
20 **la brochette:** Bratspieß.
22 **le hand:** Abk. von *le handball.*
piétiner: zertrampeln; hier: herumtrampeln.
23 **un entraîneur:** Trainer.
frimer (fam.): sich aufspielen.

son harem, m'a menacé d'un rapport. Je l'ai traité de flic, pour ne pas qu'il perde la main: avec l'injure, il avait matière à en faire deux!

4

La Campa

Je suis rentré tard, après une prise de tête avec les désœuvrés d'eux-mêmes de la cité d'en face. Dans la salle du dessous, il y avait juste un gars qui chantait en s'accompagnant à la guitare sèche. Je n'ai rien entendu, même pas Leïla quand elle a ouvert la porte, seulement deviné, dans mon sommeil, qu'elle était là. Une éternité plus tard, je me suis redressé sur l'oreiller, alerté par l'odeur du café. J'ai surpris sa silhouette qui passait devant la fenêtre, absorbée par la lumière blanche du soleil. La police était intervenue sur le campus pour déloger les sans-papiers.

– On les a empêchés de rentrer dans l'amphi où ils

1 **le rapport:** Mitteilung.
2 **perdre la main:** aus der Übung kommen.
6 **la prise de tête:** Kopfzerbrechen, Grübelei; hier: heftige Auseinandersetzung.
7 **le desœuvré / la desœuvrée:** Müßiggänger(in).
9 **à la guitare sèche:** an der bloßen Gitarre (ohne elektrische Verstärkung).
13 **alerter:** alarmieren.
14 **absorbé, e:** in sich aufgenommen, aufgesaugt.
16 **déloger:** ausquartieren.
le sans-papiers: illegale(r) Einwanderer(in).
17 **un amphi(théâtre):** Hörsaal.

s'étaient réfugiés. Résultat des courses, ils se sont mis en grève de la faim …

– Qui, les flics?

Elle m'a bousculé d'un coup de hanche, au passage. Ma tartine a plongé dans le bol, éclaboussant ma chemise.

– En plus, tu te crois drôle!

Comme ses cours étaient suspendus jusqu'à nouvel ordre, je lui ai proposé de m'accompagner pour les prochaines visites que je destinais aux amis de Rose. En chemin, je lui ai raconté mes entrevues de la veille avec Albert Siko et Ung Kien. On a traversé la Plaine-Saint-Denis. Tout au long de la rue du Landy, la soucoupe du Stade de France apparaissait dans les creux laissés par les usines abattues. On a tourné à gauche, après les ateliers de réparation des TGV pour rejoindre le quartier des Puces. Mohand Senoussi habitait rue Bauer, à Saint-Ouen, face au stade mythique du Red-Star. De ses fenêtres, la vue plongeait sur la pelouse envahie par les herbes folles, hantée par les chats errants. Mohand n'était pas chez lui,

4 **bousculer:** anstoßen, schubsen.
le coup de hanche: Stoß mit der Hüfte.
5 **éclabousser:** bespritzen, vollspritzen.
8 **suspendre:** aufhängen; hier: aussetzen, unterbrechen.
8f. **jusqu'à nouvel ordre:** bis auf weiteres.
11 **une entrevue:** Treffen, Unterhaltung.
15 **le creux:** Vertiefung, Kuhle.
abattu, e: niedergerissen, abgerissen.
20 **la pelouse:** Rasen.
une herbe folle: Unkraut.
hanter qn (fig.): jdm. keine Ruhe lassen, jdn. quälen.
21 **errant, e:** umherziehend, herumirrend, streunend.

et c'est grâce à la présence de Leïla, à son «bonjour» en kabyle, que sa femme Yasmina s'est effacée pour nous laisser entrer. Elle a tiré les rideaux sur le terrain à l'abandon, les tribunes défoncées.

– C'est une véritable désolation. Avant, nous étions aux premières loges, pour les matches. On invitait les amis, c'était mieux qu'à la télé ... J'espère qu'ils vont finir par nous le refaire ...

Son visage s'est épanoui dès qu'elle a retrouvé les traits de jeunesse de Mohand sur la photo que je lui ai tendue.

– Il est là, maigre comme un jour sans pain ... Il est trois fois comme ça maintenant. Il faut dire que je le nourris bien!

– On s'est croisés hier, c'est vrai qu'il a changé ...

Leïla lui a prêté la main pour faire le thé. Nous nous sommes installés sur des banquettes qui couraient tout le long de la salle de séjour. Le mur qui nous faisait face était décoré de cadres.

– Mohand s'est mis à la calligraphie arabe depuis plusieurs années. Ça le passionne. Il donne même des cours aux enfants, à la mosquée.

– Le cliché a été pris en 1961, il date exactement de quarante ans. C'est ce qu'on appelait un bidonville, non ... Vous avez une idée d'où il se trouvait?

2 **s'effacer:** hier: zurücktreten.
4 **à l'abandon:** verwahrlost, verwildert.
5 **la désolation:** Trostlosigkeit.
9 **s'épanouir:** sich entfalten; sich aufhellen.
16 **prêter la main à qn:** jdm. helfen.
24f. **le bidonville:** Wellblechhüttensiedlung, Slum.

– C'est la Campa, des champs à pommes de terre entre Stains et La Courneuve, là où aujourd'hui ils ont fait le parc de loisirs, avec la forêt, le lac. On était des milliers entassés dans ces cabanes en tôle et en planches … Beaucoup d'Espagnols, de Portugais plus des Kabyles et des Gitans. La photo, je peux même vous dire que c'était en octobre, dans la deuxième quinzaine du mois, parce qu'on voit la moitié de ma tête, près du mur en toile goudronnée. Moi, je ne suis arrivée du bled que le 14. C'était un samedi. On s'était mariés à Tigali pendant l'été, c'est sur la route de Tigzirt dans les montagnes, et Mohand avait réussi à me faire venir près de lui …

Leïla a reposé sa tasse, cognant la porcelaine sur le plateau de cuivre.

– Le 14 octobre 1961? Vous avez dû entendre parler des manifestations qui ont eu lieu quelques jours plus tard à Paris …

– Bien sûr. C'est même pour cela qu'elle était venue, cette dame, pour nous aider. Tous les Algériens de la Campa sont partis ensemble ce soir-là, à la tombée de la nuit. Il pleuvait. Je les revois défiler dans les ruelles, comme si c'était hier … Ils s'étaient lavés, ils avaient mis leurs habits du dimanche, avec des gabar-

4 **entasser:** anhäufen; zusammenpferchen.
la cabane: Hütte.
6 **le gitan / la gitane:** Zigeuner(in).
9 **goudronné, e:** geteert.
10 **le bled** (fam.): Kaff.
14 **cogner sur qc:** an etwas anstoßen; hier: auf etwas knallen.
22 **défiler:** vorbeiziehen.
24 f. **la gabardine:** Gabardinemantel.

dines, des manteaux par-dessus, pour aller dans les beaux quartiers. J'avais ciré les chaussures de Mohand. Je faisais attention à ce qu'il ne marche pas dans la boue. Ils ont pris l'autobus, le 150, jusqu'à la porte de la Villette. Les premiers d'entre eux sont revenus vers dix heures, le regard fixe, épouvantés. Il y avait des blessés. Des plaies sur le crâne, à cause des matraquages, des doigts, des poignets brisés quand ils essayaient d'éviter les coups. Plusieurs avaient reçu des balles. On a organisé une infirmerie dans l'épicerie des Yayaoui qui se trouvait près de la fontaine où on faisait la queue pour tirer de l'eau. On déchirait des morceaux de drap, pour fabriquer des compresses. Tout le monde nous apportait l'alcool à 90°, le Mercurochrome, l'eau oxygénée, les calmants qu'il y avait dans les maisons. On faisait bouillir de pleines lessiveuses sur le poêle à charbon. Et des blessés, il en arrivait tout le temps …

Leïla, bouleversée, n'a pu retenir un cri du cœur.

– Et Mohand?

Yasmina a posé la main sur la sienne.

– Il est rentré à pied de la place de l'Opéra, en longeant les murs, en se cachant dès qu'il voyait un uniforme ou même un passant … La chance l'accompagnait: pas une égratignure. Il n'a rien voulu me raconter. C'est par les autres, peu à peu, que j'ai su ce qui s'était passé. Rien que pour la Campa, il y a eu au

6 **épouvanter qn:** jdn. in Schrecken versetzen.
8 **le matraquage:** Niederknüppeln.
15 **oxygéner qc:** etwas mit Sauerstoff anreichern.
25 **une égratignure:** Kratzwunde, Kratzer.

moins cinq morts, et des dizaines d'autres voisins dont on ne savait plus rien. Le lendemain, c'est là, sur la photo, que j'ai vu Rose pour la première fois. On voulait avoir des nouvelles des disparus. Il n'y avait pas de portables comme aujourd'hui, il fallait faire un kilomètre, jusqu'aux Six-Routes, pour trouver un téléphone, au café des Sports. Elle appelait partout, elle remuait ciel et terre. Les fonctionnaires, au bout du fil, ils raccrochaient dès qu'ils entendaient notre accent mais ils répondaient à une Française … Le vendredi, nous les femmes, on a décidé d'aller demander des explications devant la préfecture de police, à Paris, avec les enfants.

J'écoutais son récit avec avidité, découvrant un pan de l'histoire dont on ne m'avait pas parlé à l'école, qu'aucun de mes amis algériens n'avait évoqué devant moi, ni Leïla qui, pourtant, semblait en avoir connaissance.

– On n'a pas eu le temps de prendre le métro. Les gardes mobiles nous attendaient en embuscade sur le grand terrain vague où ils ont construit le boulevard périphérique. Je dois à la vérité de dire qu'ils ne nous ont pas frappées, juste forcées à monter dans leurs paniers à salade, direction l'inconnu! Pour empêcher les enfants de pleurer, on poussait des «youyous»,

5 **le (téléphone) portable:** Mobiltelefon.
9 **raccrocher:** hier: (den Hörer) einhängen.
14 **une avidité:** Gier, Begierde.
le pan: Schoßteil eines Kleidungsstücks; hier (fig.): Stück, Fetzen.
20 **une embuscade:** Hinterhalt.
21 **le terrain vague:** unbebautes Gelände.
24 **le panier à salade** (fam.): ‚grüne Minna'.

comme dans les moments de fête, on chantait des airs traditionnels. On a traversé tout Paris. Je n'étais jamais sortie du bidonville, c'est comme ça que j'ai découvert la ville, derrière des grillages … Ils nous ont fait descendre devant l'hôpital psychiatrique Sainte-Anne, puis enfermées dans la chapelle. Les infirmiers, les médecins se sont révoltés. Ils ont ouvert une porte qui donnait sur une autre rue, et on a pu s'enfuir. Dans ce monde de fous, c'est là, à Sainte-Anne, que les gens étaient normaux!

Nous sommes repartis en silence. Des nuages d'orage s'appesantissaient sur la ville. Tout ce qui nous entourait, derrière les vitres de la voiture, prenait la teinte grise des souvenirs de Yasmina. J'essayais de revivre des moments enfouis, quand la famille était rassemblée, de partir à la recherche des paroles enfuies, des éclats de voix, des confidences, de recomposer les visages, les sourires. Les premières gouttes ont éclaté, laissant des impacts larges comme des pièces de cinq francs dans la poussière qui recouvrait le capot. Une rafale de vent a fait voler un parasol, des chaises en plastique, à la terrasse d'un café. Une tornade a plié les jeunes arbres plantés sur la

4 **le grillage:** Maschendraht.
12 **s'appesantir sur qc:** sich über etwas (ein Thema usw.) lang auslassen; hier: sich schwer auf etwas legen.
17 **les éclats** (m.) **de voix:** heftige, erregte Stimmen.
la confidence: vertrauliche Mitteilung.
19 **un impact:** Einschlag, Aufschlagen.
21 **la rafale de vent:** Windstoß.
21 f. **le parasol:** Sonnenschirm.
23 **la tornade:** Tornado.

dalle qui recouvre l'autoroute du Nord, faisant vibrer les candélabres et claquer les rideaux des commerces. Les passants, courbés par la violence soudaine des éléments, se hâtaient vers l'abri des halls d'immeubles. Des trombes d'eau s'abattaient maintenant sur la ville. De véritables cascades prenaient naissance sur les croisillons métalliques des voies aériennes du pont de Soissons, d'autres jaillissaient des tuyaux d'évacuation crevés, les égouts refoulaient le trop-plein qui stagnait sur la chaussée avec son accompagnement de pochons, de cartons, des débris quotidiens que charrie la vie d'une cité. Je me suis arrêté sur le bord de la route, j'ai fermé les yeux pour capturer les images qui me revenaient en mémoire. Une autre pluie, d'autres ruissellements. Mon père me te-

1 **la dalle:** Bodenplatte.
2 **le candélabre:** mehrarmiger Kerzenständer; hier: Laterne.
claquer qc: etwas zuknallen.
3 **courber:** krümmen, beugen.
5 **la trombe d'eau:** Wolkenbruch.
7 **le croisillon:** Fugenkreuz, Querbalken.
8 **jaillir:** hervorspritzen, herausschießen.
8f. **le tuyau d'évacuation:** Abwasserrohr.
9 **crevé, e:** geplatzt, geborsten.
un égout: Abwasserkanal.
refouler qc: etwas zurückdrängen.
9f. **le trop-plein:** Übervolles, Überschüssiges; hier: das überschüssige Wasser.
10 **stagner:** stehen (Flüssigkeit).
11 **le pochon** (rég.): kleine (Stoff-)Tasche.
le débris: Trümmer.
12 **charrier qc:** etwas fahren, karren; hier: etwas anschwemmen.
13f. **capturer:** fangen; festnehmen; hier (fig.): einfangen.
15 **le ruissellement:** Rinnen, Rieseln.

nait la main droite et ma mère emprisonnait la gauche. On m'avait épinglé un carton au revers de la veste, avec mon nom, mon adresse, si jamais je leur échappais et que j'échouais aux «enfants perdus». Il y avait de la musique, toutes sortes de musiques, des gens qui criaient dans des mégaphones, de la viande, des brochettes qui cuisaient sur des braises, des panaches de fumée âcre, de la barbe-à-papa, des pommes d'amour, des loteries, des enveloppes toutes gagnantes, de la joie et de la bonne humeur sous un ciel constellé de drapeaux rouges. Des collines avaient poussé sur la plaine lugubre où jadis se serraient les baraques du bidonville de Yasmina et Mohand. Des manèges, des restaurants, des buvettes, des stands de livres avaient pris leur place, pour une fête de fin de week-end. J'avais voulu goûter à toutes les attractions, le train fantôme, la Grande Roue, puis l'énorme tambour de machine à laver sur les parois duquel la

2 **épingler qc:** etwas feststecken, anstecken.
le revers: Rückseite; hier: Aufschlag, Revers.
4 **échouer:** auf Grund laufen, stranden; hier (fig.): landen.
7 **la braise:** Glut.
7f. **le panache de fumée** (fig.): Rauchfahne (*le panache:* Federbusch).
8 **âcre:** beißend.
la barbe-à-papa: Zuckerwatte.
9f. **une enveloppe toute gagnante:** Gewinnspiel mit Gewinngarantie.
11 **constellé, e de:** übersät mit.
12 **lugubre:** düster, trostlos.
jadis (adv.): früher, einstmals.
14 **la buvette:** Ausschank; Trinkhalle.
17 **la grande roue:** Riesenrad.
18 **le tambour:** Trommel.

force centrifuge vous plaque tandis que sur les gradins les spectateurs payants guettent les soulevés de jupes. Il avait fallu que je trépigne pour que mon père accepte de grimper avec moi à bord du drakkar viking dont le mouvement, pareil à celui du balancier d'une horloge, allait s'accentuant jusqu'à ce qu'il effectue un tour complet sur lui-même. Je criais de terreur et de plaisir, mêlant mes hurlements à ceux de tous les autres passagers. Lorsque j'étais descendu, j'avais vu quelques gamins de mon âge se précipiter sur la pelouse pour récupérer les pièces, les objets tombés des poches pendant le looping. Ma mère nous attendait, le cœur plus chaviré encore de nous avoir simplement regardés. L'orage avait éclaté alors que la nuit s'appesantissait sur la ville-guinguette. Un déluge qui avait transformé presque instantanément les allées forestières, les chemins en bourbiers. Les plus

1 **la force centrifuge:** Zentrifugalkraft.
plaquer sur qc: auf etwas aufbringen; hier: auf etwas pressen.
2 **guetter qc:** auf etwas lauern, ungeduldig auf etwas warten.
le soulevé: Anheben.
3 **trépigner:** mit den Füßen aufstampfen.
4 **le drakkar:** Langschiff.
5 **le balancier:** Pendel.
6 **s'accentuer:** sich verstärken.
10 **se précipiter:** sich (an einen Ort) stürzen.
13 **chavirer qc:** etwas erschüttern, durcheinanderbringen.
15 **la ville-guinguette:** hier: Stadt mit einem großen Fest (*la guinguette:* Schenke, Ausflugslokal).
le déluge: Sintflut.
16 **instantanément:** augenblicklich.
17 **forestier, -ière:** Wald...
le bourbier: Schlammloch.

courageux se déchaussaient, remontaient leurs jambes de pantalons et traversaient le torrent de terre visqueuse, d'autres entouraient leurs escarpins au moyen de sacs plastique, comme Leader Prince dans les rues d'Aubervilliers. La grande majorité faisait contre mauvaise fortune bon cœur. La famille s'était retrouvée au grand complet autour d'une immense paella, au stand du Parti communiste espagnol. Rose était là, en bout de table. J'ai fait un effort pour ne pas perdre son image, obligeant à revenir de l'enfance les senteurs mêlées de forêt mouillée, de riz, de safran. Elle s'est levée et s'est mise à parler, en français d'abord, puis en castillan. Quand elle a eu terminé, ils se sont tous levés pour chanter *El Paso del Ebro*, un hymne de la république espagnole.

Carmela ay, Carmela …

Plus tard dans la nuit, un guitariste est venu, un accordéoniste l'a rejoint. Ils jouaient des chansons tristes que je n'ai plus jamais entendues, depuis, sur lesquelles les couples se sont formés. Mon père et ma mère se sont enlacés. Quand j'ai rouvert les yeux,

1 **se déchausser:** Schuhe ausziehen.
remonter qc: hier: etwas hochkrempeln.
2 **le torrent:** Sturzbach.
3 **visqueux, -euse:** zähflüssig.
un escarpin: Pumps.
5f. **faire contre mauvaise fortune bon cœur:** gute Miene zum bösen Spiel machen.
7 **au grand complet:** vollzählig.
11 **le senteur:** Duft.
21 **enlacer qn:** jdn. umschlingen, jdn. in die Arme schließen.

la pluie avait cessé. Nous sommes descendus de voiture. J'ai pris Leïla par la main, et nous avons marché sur le terre-plein, dans l'odeur des évaporations.

5

Moussiou Renault

Je commençais très tôt le lendemain matin: un tournoi de football à sept opposait les équipes des différents quartiers de la ville sur le parking du théâtre de la Commune délesté, pour l'occasion, de ses amas de tôle. Il fallait délimiter les terrains, installer les buts, dresser les tentes pour accueillir l'intendance, vérifier les listes des joueurs, préparer les maillots. La matinée a filé sans que je m'en aperçoive. Je n'ai réussi à m'éclipser qu'en début d'après-midi, après avoir promis de revenir assez tôt pour aider à ranger le matériel. Je suis passé prendre Leïla, mais elle m'avait laissé un mot pour m'avertir que la situation s'était à nouveau tendue à la fac, qu'elle m'appellerait. La radio annonçait des embouteillages monstres sur le

3 **le terre-plein:** Erdaufschüttung; hier: Grünstreifen.
3f. **une évaporation:** Verdunstung.
10 **délester qn/qc de qc:** jdn./etwas von etwas entlasten.
un amas: Haufen.
11 **délimiter qc:** etwas abgrenzen.
12 **une intendance:** Verwaltung.
14 **filer:** hier: vorbeirasen.
15 **s'éclipser** (fam.): verschwinden.

périphérique. Pour les éviter, je suis allé prendre la route des berges de la Seine, à la hauteur de l'île des Vannes. Un de mes copains, emploi-jeune lui aussi, s'occupait du gardiennage de la cité des sports, une nef de béton échouée au milieu du fleuve. Certaines nuits, il nous arrivait de profiter de son trousseau de clefs et de disposer, à quelques-uns, d'une piscine olympique. Dès que l'on quittait le territoire de la Seine-Saint-Denis, des marinas, des ports de plaisance, des résidences prenaient peu à peu la place des immenses friches dont les lambeaux témoignaient encore d'un temps révolu. Au loin, sur les vertigineux totems de verre fumé et d'acier poli de la Défense, brillaient les noms des sociétés qui faisaient la une des journaux depuis des années, Elf, Total Fina … Je me suis engagé dans le dédale du boulevard circulaire. À la hauteur de l'Arche, juste avant la carcasse d'un viaduc inachevé, une déviation permettait de filer sur Nanterre. Angel Alvarez m'avait fixé rendez-vous en bas de chez lui, à la terrasse d'un café du centre.

4 **le gardiennage:** Beaufsichtigung, Hausmeisterei.
5 **la nef:** (Kirchen-)Schiff; (poét.) (Segel-)Schiff.
6f. **le trousseau de clefs:** Schlüsselbund.
9 **la marina:** Yachthafenkomplex.
le port de plaisance: Segelhafen.
11 **la friche:** Brache, Brachland.
le lambeau: Fetzen.
12 **révolu, e:** abgelaufen, vergangen.
vertigineux, -euse: schwindelnd, schwindelerregend.
12f. **le totem:** Totenpfahl; Totem.
14 **faire la une:** auf der ersten Seite stehen.
16 **le dédale:** Labyrinth, Irrgarten.
18 **inachevé, e:** unvollendet.

Je l'ai reconnu à la casquette de marin, à la canne à tête de chien dont il m'avait dit, au téléphone, ne jamais se séparer. Il a esquissé un sourire désolé quand j'ai commandé un Coca avant que son regard ne se voile de nostalgie devant la photo où Rose se tenait près d'un mur de brique, entourée d'ouvriers qui se partageaient les sardines grillées sur les flammes d'un brasero.

– Il y en a beaucoup que j'ai perdus de vue. Et d'autres qui sont partis, comme ta grand-mère. C'était en 1968, à la fin du mois de mai. On se faisait encore des souvenirs en noir et blanc. Toutes les boîtes de Nanterre étaient en grève avec occupation des locaux, les papeteries, Lachant et Quesnel, Milliat Frères ... La plus importante, Citroën, ne voulait rien savoir, a cause du quadrillage du syndicat jaune, à l'intérieur. On est venus donner un coup de main aux copains, et c'est ce jour-là qu'ils ont basculé ... Le drapeau rouge flottait sur Citroën! On pensait que tout était possible ... On y croyait dur comme fer à la révolution.

Le serveur m'a apporté le soda. Je n'ai pas eu le temps de mettre la main à ma poche qu'Angel ramassait déjà sa monnaie.

– Je vous remercie, c'est gentil ... À la télé lors-

1 **la canne:** Rohr; Stock.
4f. **se voiler:** sich verschleiern.
16 **le quadrillage:** Liniennetz; hier: Kontrolle, Überwachung.
les syndicats jaunes (hist.): 1899 gegründete Gewerkschaftsbewegung, die gegen die Arbeitergewerkschaften antrat.
17 **le coup de main:** hier: Handreichung, Hilfe.
18 **basculer:** umkippen; hier (fig.): umschwenken.

qu'ils parlent de Nanterre et de Mai 68, c'est surtout la révolte des étudiants et les coups de gueule de Cohn-Bendit ...

– Ils ont raison aussi. C'est là que tout a démarré, le 22 mars, avec l'occupation de la tour administrative du campus universitaire. On ne comprenait pas grand-chose à ce qu'ils demandaient ... Ou plutôt, on ne voulait pas. La liberté pour les gars d'aller dans les piaules des filles, ça nous faisait peur. Nos revendications, nous, c'était du béton: «à bas les cadences infernales», «salaire minimum à mille balles», «retraite à soixante ans» ... Peut-être que les choses seraient différentes, aujourd'hui, si on avait su se rencontrer.

Il a sorti un paquet de cigarettes Ducados, blanc et bleu, en a allumé une.

– C'est à cette époque que vous avez fait la connaissance de ma grand-mère?

Alvarez a avancé les lèvres pour rejeter la fumée.

– Non, on a été mariés quatre ou cinq fois ensemble, au début des années soixante. On passait nos voyages de noces en Espagne ...

2 **le coup de gueule** (fam.): Gebrüll, lautstarkes Reden.

3 **Cohn-Bendit:** Daniel Cohn-Bendit (geb. 1945), studentischer Anführer während der Pariser Mai-Revolution 1968. Heute Abgeordneter von Bündnis 90 / Die Grünen im Europaparlament, Publizist, Fernsehmoderator.

8 **le gars** (fam.): Bursche, Kerl.

9f. **la revendication:** Forderung.

10 **à bas les ...:** nieder mit den ...!

10f. **la cadence infernale:** höllisches Arbeitstempo (*la cadence:* Rhythmus, Takt).

Il m'a donné une tape sur l'épaule.

– Rassure-toi, c'était en tout bien, tout honneur … Je viens d'une famille de républicains. J'avais dix ans à la fin de la guerre civile. Ma génération n'avait qu'une idée en tête, venger les trois oncles morts au combat contre les franquistes, le cousin fusillé à Barcelone … Chaque minute de notre vie, on se disait que le dictateur allait tomber la minute d'après. Il a gardé le pouvoir jusqu'à son dernier souffle, à quatre-vingt-trois ans … Je faisais partie d'une filière qui introduisait du matériel de l'autre côté des Pyrénées. On prenait le train à Austerlitz, direction Madrid. Je ne savais pas ce qu'il y avait dans les valises equ'on me confiait. J'avais trouvé cette ruse des jeunes mariés. On louait un compartiment couchette, on y mettait des fleurs, des paquets cadeaux et, bardé de faux papiers, je jouais le rôle de l'immigré qui n'arrive pas à se faire à l'idée de ramener une petite Française au pays. Elle était belle, Rose, tu sais. On y croyait vraiment à notre bonheur. Pas un garde civil n'a mis son nez dans nos affaires. Au

1 **la tape:** leichter Schlag, Klaps.
2 **en tout bien (et) tout honneur** (loc. adv.): in (allen) Ehren.
4 **la guerre civile:** Bürgerkrieg.
6 **le/la franquiste:** Anhänger(in) von Francisco Franco Bahamonde (1872–1975), spanischer Diktator.
10 **la filière:** hier: geheimes Netz.
14 **confier qc à qn:** jdm. etwas anvertrauen.
16f. **bardé, e de:** geharnischt mit, reichlich bestückt mit.
18 **se faire à l'idée:** sich an die Vorstellung gewöhnen.
21 **le garde civil:** Mitglied der spanischen *Guardia civil*, der paramilitärischen Polizeieinheit, die insbesondere zur Zeit Francos eine unrühmliche, da repressive Rolle spielte.

contraire, ils nous souhaitaient les meilleures choses du monde.

Une fraction de seconde, j'ai essayé de m'imaginer ce qui se passait dans la tête de mon grand-père quand sa femme se préparait à partir en compagnie de son faux époux. J'ai chassé l'idée.

– Vous avez arrêté à quel moment?

– Notre dernière escapade date de 1970. Guy, le fils d'une amie, s'était mis dans la tête de se rendre utile à la Cause. On a su par un douanier qu'il avait été repéré dès son entrée en Espagne, qu'il servait à son insu de poisson pilote vers des groupes armés clandestins. On a réussi à se mettre dans le sillage de ceux qui le poursuivaient, mais il a été impossible d'établir le contact. Nous étions là quand il est tombé dans le traquenard, sur la place, devant la cathédrale de Santander. Ils ne lui ont pas laissé la moindre chance. Trois balles dans le dos. Ça a été la fin des voyages de noces.

Je n'ai pas osé lui parler de mon père. Avant de le quitter, je lui ai présenté la dernière photo trouvée dans la valise, au grenier de la cité jardin de Stains, celle où Rose discutait avec un pope le long des berges de la Seine.

– C'est le seul qui n'était pas à l'enterrement. J'aurais pourtant aimé connaître son histoire à lui aussi …

Angel Alvarez a éclaté de rire en découvrant le cliché.

11f. **à son insu** (loc. prép.): ohne sein Wissen.
12 **le poisson pilote:** Lotsenfisch.
13 **le sillage:** Kielwasser; hier: Spur.
16 **le traquenard:** Falle.

– Victor! Je l'avais complètement oublié celui-là! Il se baladait toujours habillé en curé, hiver comme été ...

– Il n'était pas pope?

Sa réponse m'a davantage désarçonné que lorsqu'il m'avait annoncé ses mariages successifs avec Rose.

– Pas du tout, son boulot c'était savant atomiste.

Le carnet d'Alvarez gardait la trace d'une adresse ancienne de Victor Grichine, à Boulogne-Billancourt. J'ai repris la route des berges. Quai du Quatre-Septembre, les vents de la grande tempête avaient décapité les arbres centenaires du bois de Boulogne. Le long des étangs, là où la terre gorgée d'eau ne retenait pas les ancrages, des souches de chênes, de saules, de pins exhibaient leurs racines inutiles. Des boîtes de com, d'informatique, d'ingénierie, où les écrans affichent des taux de croissance à deux chiffres grignotaient les anciens terrains de Renault. L'île Sé-

5 **désarçonner qn** (fam.): jdn. aus dem Sattel heben, (fig.) jdn. aus der Fassung bringen.

12 f. **décapiter qn:** jdn. enthaupten.

14 **gorger de qc:** mit etwas tränken, mit etwas überfüttern, übersättigen.

15 **un ancrage:** Verankerung.
la souche: Baumstumpf.

16 **le saule:** Weide.
exhiber qc: etwas zur Schau stellen.

17 **la boîte de com(munication):** Werbeunternehmen, Werbeagentur.

19 **grignoter qc:** etwas (an)knabbern; hier: schrittweise etwas aushöhlen.

guin ressemblait à un dragon oxydé, terrassé. Grichine logeait dans la cité du square de l'Avre, mille logements répartis en quatre groupes d'immeubles autour de cours plantées auxquelles on accédait par trois monumentales portes cochères. Il avait appris la mort de ma grand-mère, mais n'avait pas trouvé assez de courage, ce matin-là, pour traverser Paris.

– Je n'ai pas de voiture. Je ne voulais pas pleurer devant tout le monde, dans l'autobus ou dans le métro … Je m'en veux. Si j'ai pu m'en sortir, elle y est pour quelque chose.

– Pourquoi êtes-vous déguisé en pope sur la photo?

Il a passé une veste sur ses épaules.

– Je n'aime pas discuter coincé entre quatre murs. Les paroles ont besoin d'air et d'espace.

Victor a dévalé les escaliers en silence. Il s'est mis à parler dès qu'il a franchi le hall.

– Plus personne ne se souvient de moi, aujourd'hui, mais il y a un quart de siècle, pendant quelque temps, j'ai eu mon heure de gloire …

– Vous avez fait une découverte scientifique, dans le domaine atomique?

– Il ne faut pas écouter Alvarez, il raconte n'im-

1 **le dragon:** Drache.
oxyder: oxidieren.
terrasser qn: jdn. niederstrecken.
5 **la porte cochère:** Toreinfahrt.
10 **s'en sortir de qc:** mit etwas zurande kommen.
17 **dévaler les escaliers:** Treppen herunterstürzen.
18 **franchir:** überschreiten; hier: durchqueren.

porte quoi! Non, j'étais avant tout dissident, du temps de l'Union soviétique. Je m'étais insurgé contre le fait qu'un de mes amis avait été placé en hôpital psychiatrique en raison de ses idées. J'ai suivi le même chemin. C'est grâce à une incroyable mobilisation internationale que j'ai pu sortir de cet enfer. J'ai été échangé contre un espion russe. Tous les journalistes du monde cherchaient à me rencontrer. Je leur ai échappé plusieurs fois en empruntant les habits d'un ami pope, et ce déguisement, c'est devenu une sorte de légende. Là, avec Rose, je m'étais préparé pour la photo ...

On a marché jusqu'au cimetière de Boulogne-Billancourt. Une affichette informait les visiteurs de l'emplacement de la sépulture du chanteur C. Jérôme. De multiples croix orthodoxes surplombaient des pierres tombales.

– Je me suis arrêté dans cette ville comme des milliers et des milliers de Russes au cours du siècle qui vient de s'achever. Les premiers, c'étaient les soldats vaincus des armées blanches de Wrangel, de Denikine, juste avant que n'arrivent les rescapés des groupes anarchistes de Makhno, puis les maigres troupes de communistes, de trotskistes, qui échappaient aux purges ... Toutes les histoires de chez nous

1 **le dissident / la dissidente:** Dissident(in), Regimekritiker(in).
2 **s'insurger contre qc:** sich gegen etwas auflehnen.
15 **un emplacement:** Standort.
la sépulture (litt.): Bestattung; Grabstätte.
16 **surplomber qc:** überragen.
25 **la purge** (pol.): Säuberung.

ont besoin de mêler l'ironie au tragique, et ça n'a pas manqué: pour gagner leur vie, ils se retrouvaient tous sur les chaînes, à construire les voitures de «Moussiou» Renault ... Prolétaires de tous les partis, unissez-vous ...

J'ai pris ma place dans l'embouteillage qui ceinturait Paris. La cassette de Radio-Tarifa entamait un deuxième passage lorsque je me suis garé devant le parking du théâtre. Il ne restait que deux ou trois bricoles à ranger dans le gymnase. L'entraîneur a regardé sa montre. Il m'a demandé d'où je venais.

– Nanterre, Boulogne-Billancourt ...

– Tu as fait le tour de Paris ...

– Mieux que ça: le tour du monde!

Le soir, Leïla est rentrée en compagnie de deux sans-papiers.

– J'ai amené des copains ... Ça craint pour eux en ce moment. Ils vont rester une petite semaine, si tu n'y vois pas d'inconvénient ...

J'ai posé la collection de photos sur le buffet puis j'ai décroché le téléphone. Le brocanteur a répondu à la troisième sonnerie.

– Je voulais vous dire, ce n'est pas la peine de passer au gymnase la semaine prochaine, pour les meubles de la grand-mère. On garde tout.

3 **la chaîne:** hier: Fließband.

6 f. **ceinturer qc:** etwas umklammern, Ring um etwas bilden.

7 **entamer qc:** etwas anbrechen, anschneiden; hier: etwas beginnen, eröffnen.

9 f. **la bricole:** Kleinigkeit.

19 **n'y voir pas d'inconvénient:** nichts dagegen haben (*un inconvénient:* Nachteil).

Editorische Notiz

Die französischen Texte folgen den Ausgaben:

Il faut désobéir – La France sous Vichy. Texte de Didier Daeninckx. Illustrations de Pef. Paris: Éditions Rue du monde, 2002. (Collection Histoire d'Histoire. Les trois secrets d'Alexandra 1.) (*Il faut désobéir.*)

Didier Daeninckx: Passages d'enfer. Nouvelles. Paris: Denoël, 1998. (*Suivez la flèche.*)

Didier Daeninckx: Le dernier guérillero. Nouvelles. Lagrasse: Verdier, 2000. (*Le dernier guérillero.*)

Didier Daeninckx: Raconteur d'histoires. Nouvelles. Gallimard, 2003. (*Les cinq «C» de l'Alsacienne*; *Les passeurs de liberté*; *La première de «Nadine»*; *Les boueux de l'espace; Ceinture rouge.*)

Das Glossar enthält alle Wörter, die nicht im *Thematischen Grund- und Aufbauwortschatz Französisch* von Wolfgang Fischer und Anne-Marie Le Plouhinec (Stuttgart: Klett, 2000) verzeichnet sind. Wörter, die zum Aufbauwortschatz gehören, sind bei Bedarf erklärt, auf die Erklärung gängiger Ableitungen wurde verzichtet. Die einzelnen Novellen sind unabhängig voneinander glossiert, so dass jede für sich gelesen werden kann.

Im Glossar verwendete französische Abkürzungen

adj.	adjectif
adv.	adverbe
angl.	anglais, anglicisme (englisch, Anglizismus)
arg.	argot

bot.	botanique (Botanik, Pflanzenkunde)
enf.	langage enfantin (Kindersprache)
f.	féminin
fam.	familier (umgangssprachlich)
fig.	sens figuré (übertragen)
hist.	historique
interj.	interjection
inv.	invariable (unveränderlich)
iron.	ironique
litt.	littéraire (literarisch, gehoben)
loc. adj.	locution adjective (als Adjektiv gebrauchte Wendung)
loc. adv.	locution adverbiale (als Adverb gebrauchte Wendung)
loc. conj.	locution conjonctive (als Konjunktion gebrauchte Wendung)
loc. prép.	locution prépositive (als Präposition gebrauchte Wendung)
m.	masculin
mar.	marine (Marine, Seefahrt)
méd.	médecine
mil.	terme militaire (Militärwesen)
néol.	néologisme (Neologismus, Neubildung)
péj.	péjoratif (verächtlich)
pl.	pluriel
poét.	poétique
pol.	politique
pop.	populaire (salopp)
qc	quelque chose
qn	quelqu'un
rég.	régional (nur in bestimmten Gegenden gebräuchlich)
subj.	subjonctif
tech.	technique
vulg.	vulgaire
vx.	vieux

Literaturhinweise

I. Werke von Didier Daeninckx

Erzähltexte

Meurtres pour mémoire. Paris: Gallimard, 1984.
Dt. Übers.: *Karteileichen.* Übers. von Marie Luise Knott. Hamburg: Rotbuch, 1987. Neuübers.: *Bei Erinnerung Mord.* Übers. von Stefan Linster. Heilbronn: Distel, 2003.

Le Der des ders. Paris: Gallimard, 1984.
Dt. Übers.: *Den Letzten beißen die Hunde.* Übers. von Martin Budde. In der Comicfassung mit J. Tardi. Hannover: Edition Moderne, 1998.

Le Géant inachevé. Paris: Gallimard, 1984.

Métropolice. Paris: Gallimard, 1985.

Le Bourreau et son double. Paris: Gallimard, 1986.

Play-Back. Paris: Gallimard, 1986.
Dt. Übers.: *Die Stimme der Bianca B.* Übers. von Elke Rappus-Weidemann. Berlin: Aufbau, 1991.

Lumière Noire. Paris: Gallimard, 1987.

Le Chat de Tigali. Roman illustré par Juillard. Paris: Syros, 1988.

La Mort n'oublie personne. Paris: Denoël/Gallimard, 1989.

Non-lieux. Paris: L'Instant, 1989.

Le Facteur fatal. Paris: Denoël/Gallimard, 1990.

À louer sans commission. Paris: Gallimard, 1991.

Hors-limites. Paris: Julliard/Gallimard, 1992.

Zapping. Paris: Denoël/Gallimard, 1992.

La Page cornée. Bande dessinée (scénario). Dessins de Mako. Lens: L'Hebdo, 1993.
Dt. Übers.: *Das Eselsohr.* Übers. von Angelika Schanz-Gilg. Essen: ARKA, 2000.

Autres lieux. Paris: Verdier, 1993.

En Marge. Paris: Denoël/Gallimard, 1994.

Main courante. Paris: Verdier, 1994.
Un Château en Bohême. Paris: Denoël/Gallimard, 1994.
Dt. Übers.: *Das Schloß bei Prag.* Übers. von Ronald Vouillé. Berlin: Transit, 1995.
Les Figurants. Illustré par Mako. Paris: Verdier, 1995.
Dt. Übers.: *Die Statisten.* Übers. von Matthias Drebber. Berlin: Assoz. A, 2005.
Nazis dans le métro. Paris: Baleine, 1996.
Dt. Übers.: *Nazis in der Metro.* Übers. von Ronald Vouillé. Berlin: Transit, 1996. Neuausg.: *Pulp und die alte Linke.* Übers. von Ronald Vouillé. Reinbek: Rowohlt, 1998.
Mort au premier tour. Paris: Denoël/Gallimard, 1997. (Überarbeitete Fassung von 1982, Éditions du Masque).
Cannibale. Paris: Verdier, 1998.
Dt. Übers.: *Reise eines Menschenfressers nach Paris.* Übers. von Barbara Heber-Schärer. Berlin: Wagenbach, 2001.
La Couleur du noir. Paris: Gallimard, 1998.
Passages d'Enfer. Paris: Denoël, 1998.
Varlot Soldat. [Bande dessinée (scénario).] Dessins de J. Tardi. Paris: L'Association, 1998.
Dt. Übers.: *Soldat Varlot.* Übers. von Martin Budde. Hannover: Edition Moderne, 2001.
La Repentie. Paris: Verdier, 1999.
Éthique en toc. Paris: Baleine, 2000.
Le dernier guérillero. Paris: Verdier, 2000.
12, rue Meckert. Paris: Gallimard, 2001.
Ceinture rouge. Paris: Éden, 2001.
La mort en dédicace. Paris: Verdier, 2001.
Corvée de bois. Dessins de Tignous. Toulouse: Liber Niger, 2002.
Le Retour d'Ataï. Paris: Verdier, 2002.
Il faut désobéir – La France sous Vichy. Illustrations de Pef. Paris: Rue du monde, 2002. (Collection Histoire d'Histoire. Les trois secrets d'Alexandra 1.)
Les sorciers de la Bessède et autres contes noirs. Paris: Librio, 2003.

Fotoband: *Les sorciers de la Bessède.* Photos de Marc Gouby. Paris: Eden, 2003.

Je tue il ... Paris: Gallimard, 2003.

La Route du rom. Paris: Éd. du Seuil, 2003.

Les corps râlent. Paris: Éden, 2003.

Raconteur d'histoires. Paris: Gallimard, 2003 – Tb.-Ausg. Paris: Gallimard, 2004.

Bravado. Tome 1: *L'origine du Nouveau Monde.* Dessins de Mako. Paris: EP Éditions, 2004.

Le crime de Saint-Adresse. Photographies de C. Derouineau. Paris: Terre de Brumes, 2004.

Un violon dans la nuit – La mémoire des camps. Illustrations de Pef. Paris: Rue du monde, 2003. (Collection Histoire d'Histoire. Les trois secrets d'Alexandra 2.)

Viva la liberté – La résistance. Illustrations de Pef. Paris: Rue du monde, 2004. (Collection Histoire d'Histoire. Les trois secrets d'Alexandra 3.)

Air conditionné. Avec Mako. Lille-Wazemmes: Nuit Myrtide, 2005.

Cités perdues. Nouvelles. Paris: Verdier, 2005.

Itinéraire d'un salaud ordinaire. Paris: Gallimard, 2006.

On achève bien les disc-jockeys. Paris: La Branche, 2006. (Suite Noire sous la direction de Jean-Bernard Pouy.)

Histoire et faux-semblants. Nouvelles. Paris: Verdier 2007.

Originaltexte in deutschen Ausgaben

Marcel l'homme sur le banc. In: Paris des écrivains. Récits et nouvelles. Hrsg. von J. Röhrig. Stuttgart: Reclam, 2003. S. 80–98. (Universal-Bibliothek 9133.)

Rodéo d'or. In: Rififi en banlieue. Le Clézio, Daeninckx. Textes choisis et annotés par H.-G. Böhne et Fr. Schmidt. Stuttgart: Klett, 2000. S. 17–27. [Siehe dazu auch das Dossier pédagogique. Klett 2000.]

Solitude numérique. In: Récits très courts. Hrsg. von F.-R. Weller. Stuttgart: Reclam, 2007. S. 58–62. (Universal-Bibliothek 9144.)

Die zahlreichen Adaptationen für Fernsehen, Radio, Kinderbücher, ferner die Gemeinschaftsproduktionen für unterschiedliche Printmedien wie Comics, Fotobände, auch Neuauflagen in besonders preiswerten Ausgaben wie beispielsweise bei Librio müssen hier unberücksichtigt bleiben. Eine komplette Liste der lieferbaren Werke findet man auf den Internetseiten einschlägiger Versandbuchhandlungen, z. B. http://www.alapage.fr.

II. Sekundärliteratur

Bayersdorfer, Eva: Kreative Arbeit an einer Kurzgeschichte von Didier Daeninckx: La mort en huit chiffres. In: Der Fremdsprachliche Unterricht Französisch. Jg. 35. Heft 3. 2001. S. 38–41. – La tirelire. S. 40–43.

Bonas, Kristina: Zapping – Erschließung einer Novellensammlung mit kreativen und produktionsorientierten Verfahren. Vorstellung einer Unterrichtseinheit im Grundkurs Jg. 13 / Kursthema: Drames quotidiens – aspects de la vie contemporaine. In: Der Fremdsprachliche Unterricht Französisch. Jg. 38. Heft 67. 2004. S. 42–43.

Conan, Eric / Henri Rousso: Vichy, un passé qui ne passe pas. Paris: Fayard, 1994.

Daeninckx, Didier: Écrire en contre (entretiens). Paris Paroles d'Aube, 1997.

– Contribution. In: Valère Staraselski: Il faut savoir désobéir. Paris: L'Harmattan, 2000. S. 75–95.

– Le Goût de la vérité. Essai. Paris: Verdier, 1997.

– Le jeune poulpe contre la Vieille Taupe. Essai. Paris: Bérénice-Valmont, 1997.

Evrard, Franck: La nouvelle. Paris: Seuil, 1997. (Mémo.)

Flieder, Laurent: Le roman français contemporain. Paris: Seuil, 1998. (Mémo.)

Fricke, Dietmar: Die Literatur der Résistance und Kollaboration im Französischunterricht. Ein fachdidaktischer Beitrag zu einem vernachlässigten Kapitel deutsch-französischer Vergangenheitsbewältigung (I). In: Die Neueren Sprachen. Jg. 82. Heft 2. 1983. S. 130–150.

– Die Literatur der Résistance und Kollaboration im Französischunterricht. [...] (II). In: Die Neueren Sprachen. Jg. 82. Heft 5/6. 1983. S. 425–458.

– ›Morde zum Gedächtnis‹. Didier Daeninckx' Schreiben gegen Vergessen und Verdrängen. Gesprächsaufzeichnungen mit dem Autor. In: Frankreich-Jahrbuch 2001. Opladen: Leske + Budrich, 2001. S. 189–207.

Godenne, René: La nouvelle française. Paris: PUF, 1974.

– Nouvellistes contemporains de langue française. Tome 1. Paris: Atelier du Gué, 1983.

– Études sur la nouvelle française. Paris: Champion, 1985.

– Études sur la nouvelle de langue française. Paris: Champion, 1995.

– Bibliographie critique de la nouvelle de langue française. Genève: Droz, 1989. – Premier supplément (1940–1990). Genève: Droz, 1992. – Second supplément (1940–2000). Genève: Slatkine, 2005.

Hadorn-Planta, Deta: Didier Daeninckx: Le chat de Tigali. In: Polars. Der Fremdsprachliche Unterricht Französisch. Jg. 33. Heft 38/39. 1999. S. 28–30.

Histoire/Geschichte. L'Europe et le monde depuis 1945. Stuttgart/Paris: Klett/Nathan, 2006. [Darin bes. Kap. 23: Les Français et la Seconde Guerre mondiale: un ‹syndrome de Vichy›, S. 38f.]

La Nouvelle. Der Fremdsprachliche Unterricht Französisch. Jg. 35. Heft 2. 2000.

La rage et le noir – le polar. In: Télérama. Nr. 2508. 4 février 1998. S. 10–17.

Lefait, Philippe: Rezension zu Didier Daeninckx: Itinéraire d'un salaud ordinaire. In: Magazine Littéraire. Nr. 455. Juillet/août 2006. S. 71.

Mignard, Annie: La Nouvelle française contemporaine. Paris: Ministère des Affaires étrangères, 2000.

Müller, Elfriede / Alexander Ruoff: Interpreten des Grauens. Geschichte und Verbrechen im französischen Roman Noir. In: Jungle World. 3.–10. Januar 2001 (Dossier). Verfügbar auf der Website: http://www.nadir.org/nadir/periodika/jungle_world/_2001/03/15a.htm

Polars. Der Fremdsprachliche Unterricht Französisch. Jg. 33. Heft 38/39. 1999.

Roth, Wolfgang: Die Novelle. Stuttgart: Vandenhoeck & Ruprecht, 2000. (UTB.)

Rousso, Henri: Les années noires – vivre sous l'Occupation. Paris: Gallimard, 1992.

– Vichy – L'événement, la mémoire. Paris: Gallimard, 1992.

Weller, Franz-Rudolf: ›Pura et illustris brevitas‹ – Zur Internationalisierung der Meisterschaft des dichten Stils. – Vorstellung eines Themenheftes ›Kurzgeschichte‹. In: Die Neueren Sprachen. Bd. 94. Heft 3. 1995. S. 222–230.

– »Nouvelle Nouvelle« oder »récit court«? Zur Bedeutung kurzer Prosafiktionen in der französischen Gegenwartsliteratur – mit Hinweisen zum literaturdidaktischen Potential kurzer Prosatexte im Französischunterricht. In: Die Neueren Sprachen. Bd. 94. Heft 3. 1995. S. 264–293.

III. Webseiten

http://www.daeninckx.net
offizielle Homepage von Didier Daeninckx mit Hinweisen auf die zahlreichen Preise, die er für seine Werke bekommen hat

http://www.amnistia.net
ein von Didier Daeninckx betreutes Forum gegen den »négationnisme« (Auschwitzlüge) in Frankreich und ihre wissenschaftliche Verbreitung

http://www.diplomatie.gouv.fr/fr/recherche.php3?recherche=polar&image.x=0&image.y=0

vom Ministère des Affaires étrangères betreute Seite zu (Kriminal-)Literatur und Film in Frankreich

http://www.gabriel-lecouvreur.com

hier steht manches Wissenswerte über »le Poulpe«

http://fr.wikipedia.org/wiki/Didicr_Daeninckx

Nachwort

Didier Daeninckx, »œil de lynx«[1]

Celui qui dit l'histoire contrôle le présent et agit sur l'avenir.[2]

Einführung: *histoires* vs. *Histoire*

Geschichte wird in Frankreich groß geschrieben. Kaum ein Spitzenpolitiker, der nicht an ihr gemessen sein will. Große Namen, epochale Ereignisse, sie prägen nach wie vor nicht nur die Prunkreden der politischen Klasse, sondern auch das öffentliche Bewusstsein der zivilen Gesellschaft, vermittelt durch eine lange Erziehungstradition. Aber Geschichte erschöpft sich nicht in der offiziellen Lesart nationaler Geschichtsschreibung, die allzu häufig dazu verhilft, dass Gegenwart und Zukunft, wie es das Motto ausweist, von den Parteien vereinnahmt werden. So gibt es Geschichte auf der einen und Geschichten, die bereitwillig dem Vergessen überantwortet werden, auf der anderen Seite: Man denke an vom Staat geduldete Verbrechen, die vorzugsweise an unbekannten, unschuldigen Opfern – vor allem Nicht-Franzosen –, begangen werden. Für sie ist oft kein Platz in den Geschichtsbüchern. Gegen diese verordnete Wahrheit, gegen die nicht nur in Frankreich allgegenwärtige Verkleisterung und Verklitterung von Geschichte hat sich schon immer kritische Literatur zur Wehr gesetzt.

Genau dieser zentrale Impetus zeichnet die intellektuelle wie erzählerische Position Didier Daeninckx' aus. Sein Werk, inzwischen wohl auf an die hundert Titel angewach-

1 In einer Sammelrezension der *Libération* vom 12. 6. 2003 findet sich dieses Wortspiel (»Luchsauge«) mit dem Namen »Daeninckx«.

2 D. Daeninckx, *Éthique en toc* (2000), S. 110.

sen, begreift sich in den unterschiedlichsten Ausprägungen immer im Dienste dieser unterschlagenen, verfälschten Wahrheit, will sie dem Vergessen entreißen und in das allgemeine Gedächtnis aufheben. So sind auch alle acht Novellen der vorliegenden Anthologie in dieser Intention zu lesen. *Histoires d'histoire* heißt sie deshalb, weil Daeninckx, der *Raconteur d'histoires*, wie er sich selbst in dem Erzählband von 2003 benennt, seine Geschichten stets aus der Geschichte schöpft. Auch wenn Daeninckx nicht nur die nationale, sondern auch die unmittelbar mit der französischen verflochtene globale Geschichte im Blick hat, spricht er doch in erster Linie sehr französische Themen an, was sicher ein Grund dafür ist, dass der Autor in Deutschland noch nicht annähernd dieselbe Bedeutung erfahren hat wie im Nachbarland. Aber seine Arbeit vorzüglich am nationalen historischen Gedächtnis versteht sich immer auch als Einladung zur Reflexion über ihren exemplarischen Charakter. Daeninckx gelingt es, sich überzeugend als Sprachrohr all jener einzusetzen, die dem Blickpunkt der öffentlichen Meinung entzogen sind. In seinem 2006 erschienenen Kurzroman *On achève bien les disc-jockeys* werden sie so benannt: »Les sans-papiers, les sans-logement, les sans-droits, les chômeurs, les femmes battues, les taulards, les exclus de toutes sortes«[3] – Personengruppen also, die keineswegs nur in Frankreich vorkommen. Diese Negativhelden inszeniert Daeninckx häufig im Genre des *roman noir*, vor allem in seiner spezifischen Ausprägung des Krimis, des *polar noir*, in dem der Autor als anerkannter Meister gilt.

Doch Daeninckx ist weit mehr als ein Autor von schwarzer Untergrundliteratur. Charakteristisch für ihn und ebenso faszinierend wie zuweilen irritierend ist der wachsame »Luchs-Blick« auf eine diskriminierende Gesellschaft, ist das erbitterte Ankämpfen gegen ungerechte staatliche wie mafiose Praktiken, ist endlich das mutige Aufdecken der Mani-

3 D. Daeninckx, *On achève bien les disc-jockeys* (2006), S. 31.

pulation des geschichtlichen Gedächtnisses. So könnten viele seiner Texte geradezu als negative »lieux de mémoire«, Gedächtnisorte, gedeutet werden.[4]

Zum Autor

Didier Daeninckx, der »Sänger« von Aubervilliers

Geboren wurde Didier Daeninckx 1949 in Saint-Denis, der Stadt am nördlichen Stadtrand von Paris, die heute zur Pariser *banlieue* gehört, als Sohn eines Fabrikarbeiters und einer Köchin. Da sein Vater sehr an Sport interessiert war, kennt sich auch unser Autor, wie er meiner Studentengruppe berichtete, in einigen Disziplinen wie Boxen, Pferde- oder Fahrradrennen gut aus.[5] Dass der Vater einen Prozess gegen die Armee führte, den er nach zwanzig Jahren gewann, ist für den Sohn ungleich bedeutender.[6] Von seiner Familie bringt Daeninckx auch ein politisches Erbe mit – einer seiner Großväter, so berichtet der Autor darüber hinaus, war Anarchist und Deserteur, der andere sogar kommunistischer Bürgermeister in einem der nördlichen Vororte von Paris. Nach einer abgekürzten Schulkarriere tat Daeninckx sich etwa fünfzehn Jahre lang in unterschiedlichen Berufen um, die übrigens alle in irgendeiner Weise mit dem Wort zu tun hatten, sei es als Drucker, als *animateur culturel* oder Lokaljournalist, bevor er das Schreiben selbst zu seinem Lebensinhalt machte.

Im Jahre 1984 veröffentlichte er seinen Erstling *Meurtres pour mémoire*, bezeichnenderweise in der »Série Noire« des

4 Vgl. Fricke 2001, S. 189; sowie: »le roman noir constitue le terrain idéal pour éclairer une réalité sociale et politique que la littérature française, éprise de recherches formalistes, délaisse souvent. Il s'agit de fouiller les plaies et de rompre les non-dits qui condamnent une nation à un refoulement malsain« (*Le Monde des livres*, 7. 7. 2006).

5 Das zeigt sich beispielsweise in der letzten hier abgedruckten Novelle *Ceinture rouge*.

6 Weitere Details in: Fricke 2001, S. 192ff.

berühmten Verlags Gallimard. Mit diesem Titel und diesem Thema wird bereits der Grundton seines Werkes angeschlagen: »Morde zum Gedächtnis«, der seither nicht nur seine eigentlich literarische Arbeit durchzieht, er prägt auch seine vielfältigen anderen Tätigkeiten als Animateur[7], Essayist und Pamphletist.[8]

Der emblematische Ort, der in vielen der Werke Daeninckx' vorkommt, ist Aubervilliers unweit der Geburtsstadt des Autors. In *Le dernier guérillero* wird die Stadt »quartier-refuge de toutes les immigrations« genannt (S. 37). Wenn man sich in der Tat, wie es in *Ceinture rouge* (S. 141) beschrieben ist, mit der Buslinie 65 aus dem Norden von Paris in diese Vorstadt begibt, dann erlebt man den raschen Übergang vom Glanz der Hauptstadt zu dem gerade in letzter Zeit eher berüchtigten Grau der Cités.[9] Aubervilliers sticht da inzwischen recht positiv hervor, ist doch ein lebendiger Ortskern um die Mairie auszumachen. Von hier sind es übrigens nur wenige Schritte, vorbei an der Buchhandlung, die alle Werke von Daeninckx führt, zu dem unscheinbaren Eckhaus, in dem unser Autor lebt und arbeitet – ein auffälliger Kontrast zu den Residenzen, in denen mancher arrivierte Autor der Pariser Szene wohnhaft ist.[10] Die enge Bindung zu Aubervilliers, aber auch zu benachbar-

7 Der vielbeschäftigte Autor erklärt »Seit wohl siebzehn Jahren habe ich pro Jahr durchschnittlich einhundert Begegnungen und Treffen.« In: Fricke 2001, S. 194.

8 Hierbei denke ich vor allem an seine Diatribe gegen Gilles Perrault in: *Le goût de la vérité* (1997) – ein Plädoyer gegen die Verherrlichung von Gewalt, insbesondere in Algerien.

9 Schon 1992 hat Daeninckx in *Rodéo d'or* das brisante Wechselspiel von *Cités* und Medien diagnostiziert und antizipiert. Diese Novelle ist in der Schulausgabe *Rififi en banlieue. Le Clézio, Daeninckx* (2000) vertreten. – Das Niederreißen ganzer Gebäudekomplexe in den Vorstädten wird in *Cités perdues* (2005) behandelt; die einzelnen Geschichten thematisieren die *table rase* von Gedächtnis und Erinnerung.

10 Ich hatte das Glück, mit unterschiedlichen Studentengruppen zahlreiche französische Autorinnen und Autoren in ihren jeweiligen Häusern besuchen zu dürfen.

ten Orten des Pariser Nordens[11] erklärt die Fülle an Wissen um Geschichte und Gegenwart der Gegend, die in Form menschlicher Dramen immer wieder Eingang in Daeninckx' Werke findet. Die Empathie mit diesem Ort, mit dieser Gegend, mit dieser *Ceinture*, lässt Daeninckx nicht mehr los[12]. Für das Problem der Integration, dem die Politik gerade an solchen Orten nur noch mit untätiger Ratlosigkeit begegnet, stellt Daeninckx überraschende literarische Angebote bereit. So etwa in *Ceinture rouge* (S. 146f.), wenn der Ich-Erzähler einem Reporter antwortet: »Tu vois, mec, au milieu de tous mes copains rebeus, feujs, blacks, sri, paki et namiens, je crois que je n'ai pas trop mal réussi mon intégration«. Bei allem Argot – die Verneinung in dieser Aussage ist grammatikalisch korrekt!

Zum Werk

Themenschwerpunkte

Mit der Vergangenheitsbewältigung, insbesondere mit der Aufarbeitung der Kollaboration während der deutschen Besetzung (1940–44), hat es in Frankreich eine eigene Bewandtnis: Sie ist bis heute sehr zögerlich verlaufen; das gilt für die historische Forschung wie für die Politik wie auch für die öffentliche Meinung. Die Literatur in Frankreich verstand sich schon früh als Antriebskraft dieser Aufarbeitung und als Gegenkraft gegen die neuen lauten rechtsextremen Stimmen – zahlreiche Romane und Erzählungen könnten hier angeführt werden. Trotzdem verzeichnet der Neonazismus in Frankreich gerade in den letzten Jahren einen starken Zulauf. Deswegen wohl führt auch Daeninckx den Kampf gegen dieses retrograde Gedankengut in immer neu-

11 Drancy, das »antichambre« von Auschwitz, wie es genannt wurde, liegt nicht weit entfernt.

12 In einer persönlichen Widmung schreibt Daeninckx über den Pariser Norden: »qui ne me quitte jamais«.

en literarischen Ansätzen weiter. Seine Strategie liegt darin, diese Themen in ganz unterschiedlicher Weise zu verarbeiten, um entsprechend unterschiedliche Zielgruppen zu erreichen. Von geradezu cinematographischem Zuschnitt ist beispielsweise *Les figurants* (1995); hier geht es um – fiktive – Filme von Nationalsozialisten, die in einem perversen Verständnis von Ästhetik die Agonie ihrer Opfer für die Nachwelt aufgezeichnet haben. Dem klassischen Genus des Krimis ist *Nazis dans le métro* (1996) verpflichtet, ein Roman, der das Erstarken der sogenannten Rotbraunen, d. h. der faschistisch gewordenen Linken, thematisiert. Bereits im Jahre 1989 hat Daeninckx die besondere Spielart des französischen Mitläufertums während der deutschen Besatzung, der Kollaboration, in *La mort n'oublie personne* abgehandelt. Um einen solchen Typus geht es auch in dem 2006 erschienenen Roman *Itinéraire d'un salaud ordinaire*; Clément Duprest ist die Inkarnation eines ›Schreibtischtäters‹, ohne die kein repressives Regime überleben kann.[13]

Eine ganz andere, für dieses Thema überraschend sanfte Tonart erklingt in der großformatigen Trilogie *Les trois secrets d'Alexandra* an, die sich an ein eher jugendliches Publikum richtet. Der erste Band ist mit *Il faut désobéir* (2002) überschrieben; zugleich ist dies der erste Text der vorliegenden Auswahl. Auch hier geht es um das Verhalten der französischen Bevölkerung während der Okkupation, genauer um ihr Fehlverhalten, und damit um die Schuld der Politik und der ihr unterstellten französischen Polizei. Erzählt werden diese Ereignisse von einem Großvater, der seiner Enkelin die wenig rühmliche Vergangenheit sechzig Jahre später näherbringt und sich der kritisch-fragenden Haltung der Zehnjährigen im gedämpften Licht der Erinnerung stellt.[14] Es geht um die Ehrung eines Ausnahme-Polizisten, der den Mut aufbrachte, dem Vichy-Regime gegenüber Ungehorsam zu zei-

13 Ernest Beuglat in *La route du rom* (2003) gehört in die gleiche Kategorie.

14 Erinnert sei an vergleichbare Schreibinitiativen, wie Lucie Aubrac: *La résistance expliquée à mes petits-enfants*, Paris 2000.

gen, und damit viele Leben retten konnte. Die Originalausgabe dieses eher liebenswerten Lehrstücks zum nationalen Gedächtnis verfügt über eine reiche Bebilderung; zum einen finden sich hier Fotos mit knappen Legenden, um die Zeit der deutschen Besatzung zu erläutern; zum anderen erfreut sich das Auge an zahlreichen farbenfrohen Illustrationen des Zeichners Pef, die dieser noch immer zu entdeckenden Vergangenheit Authentizität verleihen und zugleich als pädagogische *captatio benevolentiae* fungieren.[15] In gleicher Weise sind die beiden Folgebände der Trilogie ausgestattet, *Un violon dans la nuit* (2003) und *Viva la liberté* (2004). Es sind drei Preziosen zur Unmenschlichkeit des Dritten Reiches.

Neben der Aufarbeitung der Zeit der Kollaboration gibt es weitere historische Brennpunkte, die Daeninckx' Werk thematisch strukturieren. Allen gemeinsam ist Daeninckx' Ansatz, dass Schreiben Misstrauen bedeutet – das gilt ebenso für die Tagesberichterstattung wie für die Geschichtswissenschaft. Ein immer wiederkehrendes Thema bei Daeninckx ist der Aufstand der Pariser Commune (März bis Mai 1871), der in einer blutigen Niederschlagung, für die der Premierminister Adolphe Thiers verantwortlich ist, traumatisch endete. Nun hatte schon Émile Zola in *La débâcle* (1892) die Gräuel des Krieges und die des anschließenden Bürgerkrieges angeprangert – blieb aber weitgehend ungehört. Daeninckx tritt in seine Fußstapfen, wenn er in der sechsten der hier abgedruckten Novellen, *La première de «Nadine»*, zwei der (zu) wenig bekannten Figuren der Barrikaden ein Denkmal in der Fiktion setzt: Maxime Lisbonne und Louise Michel. Die nächtliche Unterredung in der Gefängniszelle Michels, bei der Lisbonne von der Inszenierung ihres Theaterstücks berichtet, atmet revolutionären Geist im Schatten der Kommune. Das Erscheinen Victor Hugos in dem Bericht kommt einer Epiphanie der Freiheit gleich. Durch diese drei Sympathieträger ereignet sich bei dem Leser eine Geschichtskorrektur: Aus sub-

15 Eine reichhaltige Ikonographie jener Zeit findet sich beispielhaft in Henri Rousso: *Années noires*, Paris 1992.

versiven *histoires* erwächst eine neue, andere *Histoire*, dekuvriert die Verdrängungsmechanismen jener Zeit.[16] Es kann nicht überraschen, dass die Basilika von Sacré-Cœur auf dem Montmartre als eine Stein gewordene politische Verdrängung wahrgenommen wird, auch wenn Touristen das in der Regel ignorieren. So taugt auch Daeninckx' Wortspiel und Verdikt in *12, rue Meckert* wohl kaum für Pariser Reiseführer: »cet écœurant gâteau crémeux commandé par le boucher Thiers pour expier les crimes des communards«.[17]

Die zweite Novelle, die jene Zeit der Unterdrückung jeder Meinungsfreiheit thematisiert, *Les passeurs de liberté*, ist deshalb ausgewählt worden, weil sie die positive Reaktion auf die Repression im Zweiten Kaiserreich, die der Commune vorausging, zum Gegenstand hat, d. h. kleine, unbekannte Helden zeichnet, ohne die etwa die freiheitlichen Ideen des Autors von *Les Misérables* nie Wirklichkeit geworden wären. Diese kurze Erzählung entwickelt durchaus dramatisch das Ideal der Freiheit, des freien Wortes, das mithin die kostbarste Schmuggelware war und noch ist, denn diese Geschichte ist in viele zeitgenössische Zusammenhänge transponierbar.

Ein weiteres Thema in Daeninckx' Werk, dem hier keine Novelle zugeordnet ist, ist der Kolonialismus mit seiner besonderen Spielart der Entmenschlichung. Das ist beispielsweise der Ort für den Roman *Cannibale* (1998). Hier wird in plakativer Ironie in Erinnerung gebracht, was sich Frankreich im Jahre 1931 erlaubt hatte. Anlässlich der Weltausstellung hatten die Behörden die groteske Idee, Einheimische aus Neukaledonien im Pariser Zoo als exotische Tiere und ›Kannibalen‹ auszustellen. Diese Entwürdigung hat Daeninckx in den fiktiven Abenteuern der Kanaken, die sich im Métro-Dschungel verirren, höchst spannend beschrieben.[18] Als auf-

16 Der Held des Comics *Bravado* (2004) ist übrigens ein Überlebender der Commune.

17 *12, rue Meckert* (2001), S. 99.

18 Dass auch Deutschland in diesem Zusammenhang eine wenig rühmliche Rolle gespielt hat, kann hier nicht weiter dargestellt werden. Vgl. Fricke

schlussreich darf der ethnologische Ansatz des Autors gelten: »So habe ich mich also in einen Geschichtenerzähler verwandelt, und auf diese Weise habe ich zahlreiche Kanakenstämme kennengelernt. Das war eine außerordentliche Erfahrung, und da es sich um eine Tauschgesellschaft handelt, habe ich Geschichten erzählt, und als Dank dafür hat man mir wiederum auch Geschichten erzählt.«[19] Inzwischen wird der Kolonialismus auch in der französischen Öffentlichkeit zunehmend kritisch hinterfragt; man denke an den Film *Indigènes* (2005) und an das in der Folge diskutierte Thema der »bienfaits du colonialisme«. Schon früher, 2002, war von Daeninckx *Le retour d'Ataï* erschienen, eine Art Rückblick auf die Ereignisse von 1931, diesmal in Form eines fiktiven Berichts des Enkels, der von einem der damaligen ›Kannibalen‹, Gocéné, abstammt: Nach fünfundsiebzig Jahren kehrt er in die französische Hauptstadt zurück ...[20]

In diesen Zusammenhang gehört durchaus, wiewohl mit noch schlimmeren Konsequenzen, die Rolle Frankreichs im Algerienkrieg. Die Novelle *Corvée de bois* (2002), eine Schilderung der Gnadenlosigkeit der Kolonialherren, wie auch der schon 1986 erschienene Roman *Le bourreau et son double*, zeichnen sich dadurch aus, dass ebenso grausame wie unsinnige Handlungen der Franzosen in diesem Krieg detailliert beschrieben werden. Offizielle Schuldgeständnisse Frankreichs stehen bis heute aus; die Täter könnten aber hier einen Spiegel jener menschenverachtenden Politik vorfinden.[21] Diese offenbart sich durchaus auch außerhalb Alge-

2001, S. 195, sowie die 2007 erschienene Kurzgeschichte *Un petit air mutin* in: *Histoires et faux semblants*, in der auf S. 91 der Zirkus Hagenbeck benannt wird.

19 Zitiert nach: Fricke 2001, S. 195.

20 Daeninckx vergisst in diesem Zusammenhang nicht, auf den Roman von Erik Orsenna: *L'exposition coloniale*, Paris 1988, hinzuweisen (*Le retour d'Ataï*, S. 34).

21 »Nous les paras, on nous a dressés pire que les chiens.« In: *12, rue Meckert*, S. 38.

riens, direkt in Paris. Es geht um den 17. Oktober 1961, ein ebenso traumatisches wie sinnstiftendes Datum für den Autor. Wohl mehr als 300 unbewaffnete Demonstranten wurden an der Place de l'Étoile, also mitten in der Hauptstadt, getötet, gerade drei Todesfälle wurden offiziell zugegeben.[22] Für Daeninckx steht dieses Datum für die offizielle Verdrängung schlechthin, der durch die Erinnerung im Roman ein Fanal gesetzt werden soll. Für den Autor geht es dabei nicht um eine – beliebige – historische Untat, sondern um ein Verbrechen mit autobiographischer Dimension:

> »Als ich zwölf Jahre alt war, gab es in Paris eine Demonstration, an der meine Mutter teilnahm, und es gab eine ihrer Freundinnen, die dabei getötet wurde, genau gesagt gab es neun Tote bei dieser Demonstration. So bin ich zum ersten Mal mit dem Tod konfrontiert worden. Das war eine junge Mutter aus Aubervilliers, damals dürfte sie fünfunddreißig Jahre alt gewesen sein. Sie wurde von der Polizei getötet, die sie mit Gummiknüppeln umgebracht hat. Zum ersten Mal habe ich an einer Beerdigung teilgenommen, an der jener Frau, Susanne Martorell. Und der Mörder war für diese Leute der Polizeipräfekt, der diese Niederschlagung angeordnet hatte: er hieß Maurice Papon. Also mit zwölf Jahren sehe ich meine Mutter vor mir, die wie die Nachbarin hätte getötet werden können; es gab richtiggehend eine Verlustangst. Und dann die Nachbarin, zu der ich immer rüberging, um Fernsehen zu gucken, das hätte meine Mutter sein können, und der Mörder war der Polizeipräfekt. Und plötzlich wurde mein Verhältnis zur Welt, mein Verhältnis zur Autorität, mein Verhältnis zum Staat völlig erschüttert.«[23]

22 Das Verschweigen wird in *Ceinture rouge* so formuliert: »J'écoutais son récit avec avidité, découvrant un pan de l'histoire dont on ne m'avait pas parlé à l'école« (S. 165).

23 Zitiert nach: Fricke 2001, S. 196.

Sein »J'accuse« gegen Papon trägt den bezeichnenden Titel *Meurtres pour mémoire* (1984). Durch diese ›mörderische‹ Erinnerungsarbeit wird das vernachlässigte historische Datum in der Fiktion eines Romans, eines *polar*, einer Mordgeschichte, als schrecklich erlebte Geschichte lebendig: Dieser Roman korrigiert nachhaltig jene offizielle *Histoire*, die Frankreich besser hatte dastehen lassen.[24] Später wird jener Papon Polizeipräfekt unter de Gaulle, sogar Minister unter Giscard d'Estaing. In dem oben erwähnten Roman *Itinéraire d'un salaud ordinaire* wird diesem wendigen Minister in unterschiedlichen Regimes ein vernichtendes Denkmal gesetzt.[25] Dieses Urteil aber steht so nicht in den Geschichtsbüchern ...[26]

Le Poulpe, ein alter ego des Autors

Didier Daeninckx wird vor allem, keineswegs zu Unrecht, als vielseitiger Krimiautor gehandelt. Begonnen hat er mit einer Detektivgestalt, die durchaus Züge ihres Autors aufweist. Sein engagierter Inspecteur Cadin begreift, dass er einzelne Fälle lösen kann, die unmenschlichen Bedingungen der Ge-

24 Daeninckx hat den Roman übrigens zweimal geschrieben. In *Écrire en contre (entretiens)* (1997) stellt er die beiden Fassungen einander gegenüber und erläutert den Übergang von Betroffenheit zu deren künstlerischer Überhöhung.

25 In einem Interview definiert der Autor diesen Papon-Typ so: »criminels de bureaux, ces hauts responsables qui décident à coups de tampons et de signature et peuvent ordonner des crimes contre l'humanité sans jamais avoir le moindre contact avec leurs victimes [...]. C'est totalement effrayant« (*Le bulletin Gallimard* no. 463, mai/juin/juillet 2006, S. 5).

26 In dem neuen deutsch-französischen Geschichtsbuch *Histoire/Geschichte. L'Europe et le monde depuis 1945*, Stuttgart/Paris 2006 wird zwar einiges in dieser Hinsicht aufgearbeitet, doch sucht man dieses Datum vergebens, ebenso eine kritische Aufarbeitung des Algerienkriegs (Kap. 5.2.) – Übrigens hat Bertrand Delanoë, Bürgermeister von Paris, am 17. Oktober 2001 am Quai du Marché Neuf neben der Brücke Saint-Michel eine Gedenkplatte anbringen lassen: Dort ist zutreffend von der »sanglante répression« die Rede. Diese historische Erinnerung kommt allerdings – mit vierzig Jahren Verspätung – aus dem politischen Gegenlager.

sellschaft jedoch nicht. Sein Selbstmord[27] ist ein trister Schlusspunkt zu einigen früheren Romanen, die u. a. die Trostlosigkeit der nördlichen Stadtteile atmen.[28] Die späteren Romane, diesmal mit »Le Poulpe« in der Hauptrolle, sind von anderem thematischen Zuschnitt. Daeninckx greift damit eine Figur auf, die auf Jean-Bernard Pouy zurückgeht und die von zahlreichen Autoren schriftstellerisch bearbeitet worden ist.[29] Hinter Le Poulpe, dem »Kraken«, verbirgt sich der Privatdetektiv Gabriel Lecouvreur: hellsichtig, uneigennützig, härtnäckig wird er zu einem modernen Robin Hood der Vorstädte. Aber nicht nur das: Er deckt Verbrechen auf, die der Polizei zu heikel sind oder bei denen die Opfer zu unbedeutend sind, um die ganze Aufmerksamkeit der Polizei zu bekommen. Entweder wird Le Poulpe von Freunden um Hilfe gebeten oder er erfährt von den Verbrechen direkt aus den Medien. Das trifft unmittelbar für die hier abgedruckte Geschichte *Suivez la flèche* zu. Die Versatzstücke Gasthaus, Wirt, Freundin wirken durchgängig in allen Episoden als quasi verifizierbare Authentizitätssignale. Sie verleihen dem Geschehen zugleich eine – vertraute – atmosphärische Dichte. In dieser Poulpe-Erzählung *avant la lettre* zeigt sich das beispielsweise im Inzipit, nämlich in der Beschreibung des Monats Februar, dessen Trost- und Hoffnungslosigkeit auf die Personen der Handlung abfärbt. Mit dieser kurzen Erzählung wird man in das eigentliche Poulpe-Universum eingeführt. Hierhin gehört dann vor allem Daeninckx' Poulpe-Erstling *Nazis dans le métro* aus dem Jahr 1996. Den Hintergrund bildet der Überfall rechtsradikaler Schlägertrupps auf den Schriftsteller Sloga, dessen Schriften den faschistoiden

27 *Le facteur fatal* (1990), S. 197–201.

28 Es handelt sich um *Le géant inachevé* und *Le bourreau et son double*; letzterer in der ungewöhnlichen Form von acht Doppelkapiteln.

29 Jean-Bernard Pouy hat dieser fiktiven Figur sogar ein Geburtsdatum gegeben, den 22. 3. 1960. Inzwischen gibt es weit über zweihundert Poulpe-Romane. Details finden sich auf der Website www.gabriel-lecouvreur.com; sie führt auf ihrer Liste 217 Fälle an. Allerdings fehlt Daeninckx' *La Route du rom* (2003).

Rotbraunen missliebig sind. Auch hier betritt Gabriel Lecouvreur als selbstlos rettender Engel die Szene, doch seine Mission hat nur begrenzt Erfolg. Lesenswert ist dabei vor allem das Finale dieses spannend geschriebenen Romans, denn es führt uns in die altehrwürdige *Académie française* als Ort des Showdowns zwischen Le Poulpe und einem – nicht unschuldigen – *Immortel*, wie die Mitglieder der Academie Française genannt werden.[30]

Im Jahre 2000 erschien der zweite Poulpe-Roman, *Éthique en toc*. Er führt den Detektiv nach Lyon, wo die Universitätsbibliothek gebrannt hatte. Durch die intensiven Nachforschungen Lecouvreurs geraten Fachbereiche dieser Universität ins politische Zwielicht. Vor allem gewisse Historiker erweisen sich als Meister der Verdrängung: Sie vertreten den *révisionnisme* und den *négationnisme* wissenschaftlich. Lecouvreur deckt die Filiationen zur rechtsextremen Szene auf. Dass Lyon, *capitale des Gaules*, wie es im Text ironisch heißt, eine wissenschaftliche Hochburg der Leugnung des Holocaust ist, muss hier nicht weiter ausgeführt werden.[31] Der Brand der Bibliothek ist vor allem Sinnbild der Zerstörung der Erinnerung und damit der historischen Wahrheit. Alexandria, Sarajewo, Berlin, Algier, kürzlich die Anna-Amalia-Bibliothek in Weimar, um nur diese zu nennen, bilden gleichsam ein *chambre d'écho*.[32]

30 Hier geht es um den Sitz Nr. 18 (1. und 8. Buchstabe des Alphabets = A[dolf] H[itler]). Den hatte, darauf wies der Autor in einer privaten Mitteilung hin, ausgerechnet Maréchal Pétain inne. Nach Erscheinen des Romans gab es eine Nachwahl just zum *fauteuil 18*. Der Betroffene hat einen Prozess gegen Daeninckx angestrengt, ihn dann aus einsichtigen Gründen wieder fallengelassen; sein Name sei hier verschwiegen.

31 Details der kritischen Auseinandersetzung finden sich u. a. auf der Webseite http://www.amnistia.net.

32 Nach der Vorstellung seines Romans in Lyon wurde Daeninckx zu einer Unterredung mit drei Beamten der Lyonneser SRPJ (Service de Recherche de la Police Judiciaire) gebeten. Die Beamten fragten ihn verwundert, wie es kommen könne, dass sein Roman Details enthalte, die den Erkenntnissen aus ihren laufenden Ermittlungen ähnelten, dass der Brand tatsächlich kein Unfall gewesen sei und dass es auch eine Verbin-

Als einziger der Poulpe-Autoren veröffentlichte Daeninckx einen dritten Roman, den bereits erwähnten *La route du rom.* Diesmal geht es um ein Zigeunerlager in Corneville in der Normandie während der deutschen Besetzung. Daeninckx ist gemäß seiner Aussage durch einen Freund auf die damals wenig freundliche Behandlung der Roma aufmerksam gemacht worden. Das Thema wird in eine Fiktion gekleidet: Jésus, exzellenter Sänger in der Gruppe, zugleich ein Freund des Poulpe, ist ins Lager zurückgekehrt. Mit Déméter geht er nächtens in ein Collège, um nach etwas zu suchen. Dabei wird er von dem Wächter angeschossen, kann zwar entkommen, stirbt aber wenig später. Ähnlich wie es der Autor Daeninckx zu tun pflegt, stellt Le Poulpe Nachforschungen an, stöbert in Bibliotheken, rekonstruiert die Geschichte des Zwangslagers in der Vichy-Zeit, deckt das Doppelspiel des Bürgermeisters und eines Arztes auf, die, angeblich um das Schlimmste zu verhindern, den Nazis und Ortsgrößen zugearbeitet haben. Ausgerechnet dem Hauptkollaborateur soll ein Denkmal errichtet werden. Daeninckx gelingt es, die Roma zu Sympathieträgern zu machen. Von der Gesellschaft eher als marginal eingestufte Menschen werden somit zu einer unkonventionellen Projektionsfläche für eine positive Besetzung. Eine Projektionsfläche ähnlich offener Art stellt auch die Person Gabriel Lecouvreurs selbst dar: Die Motivation für seinen selbstlosen Einsatz für Gerechtigkeit wird niemals geklärt, auch das Zustandekommen oder die Hintergründe seiner Liebesbeziehungen werden nie erhellt.[33]

dung zu einem Schlächter gebe. Auf die Frage, warum er diesen ins Spiel gebracht habe, antwortete Daeninckx: »Ganz einfach, weil es vor zehn Jahren einen aufsehenerregenden Prozess gab, den von Klaus Barbie, den alle den Schlächter von Lyon nannten.« Und der Autor fügt in unserem Gespräch hinzu: »Die hätten Sie mal sehen sollen ...« (zitiert nach: Fricke 2001, S. 204).

33 Vgl. die Selbstaussage des Poulpe in *Suivez la flèche*: »Vous êtes flic? – Non ... Je ne suis rien du tout« (S. 25).

Zur Kunst der Novelle

Wie schon angedeutet, gilt Didier Daeninckx vor allem als Meister der Novelle, einer Gattung, die nach wie vor angesichts der Dominanz des Romans um ihre literarische Anerkennung kämpfen muss. Noch 1983 befindet René Godenne, einer der besten Kenner der französischen Novellistik: »Si la nouvelle est un produit suspect, elle est aussi un mauvais sujet d'étude.«[34] Es ist hier nicht der Ort, Definitionen der Gattungen *nouvelle, récit court* usw. zu versuchen; das ist andernorts schon geschehen.[35] Der Erfolg der unterschiedlichen Novellensammlungen Daeninckx', die sich stets zu einem Grundthema gruppieren, *Zapping, En marge, Passages d'enfer,* zuletzt *Raconteur d'histoires* – sie alle belegen, dass diese eher pessimistischen Aussagen relativiert werden können und müssen. Die hier vorliegenden Novellen zeigen darüber hinaus, dass sie auch außerhalb des Oberthemas selbstständig gelesen werden können. Darüber hinaus lassen sie sich in der eingangs beschriebenen Intention, *Histoire* zu *histoires* zu dekonstruieren, verstehen und fügen sich damit in das bisherige Gesamtwerk des Autors ein.[36] Programmatisch heißt es dazu bei Daeninckx selber: »jeter des passerelles de fiction entre deux blocs de réalités«.[37] Die Texte sind

34 Godenne 1983, S. 13. – Vgl. auch Mignard 2000, vor allem ihr Einleitungskapitel zu den »fictions brèves«, S. 7–14.

35 Zur Definition der literarischen Kleingattungen (*nouvelle, récit court* usw.) siehe vor allem Weller in den beiden 1995 erschienenen Aufsätzen. Er macht deutlich, dass diese Gattung kein »genre mineur« sei (1995a, S. 224), dass die Kürze Intensität beinhalte; belegt wird Engels »on ne peut pas lire une nouvelle distraitement« (1995b, S. 281) mit Nachdruck.

36 Poletti postuliert in ihrem Basisartikel zur Novelle (2000): »La dimension politique est peu présente« (in: *Der Fremdsprachliche Unterricht Französisch,* Jg. 35, Heft 2, 2000, S. 5), nimmt aber Daeninckx zu Recht heraus, unterstreicht damit seine besondere Rolle als Ausnahme von dieser Regel.

37 In: *Les corps râlent* (2003), S. 8. Welche Schwierigkeit das beinhaltet, steht in *Small is beautiful,* dem Vorwort Daeninckx' zu dieser Anthologie.

von unterschiedlicher Länge, arbeiten alle auf eine zumeist starke Pointe zu; man spricht zu Recht von der *nouvelle à chute*. Das gilt *mutatis mutandis* auch für die kleine Auswahl, die hier zusammengestellt worden ist. *Il faut désobéir* endet geradezu in einem Adagium, dies in Form eines Wortspiels, das zu einer humanistischen Umdeutung einlädt,[38] ein pädagogischer Impuls an die Adresse eines Kindes. Am Ende von *Suivez la flèche*, das der Krimigattung verpflichtet ist, bringt Le Poulpe die – überraschende – Lösung des ungeklärten Todes ans Licht. Die Kälte der Gesellschaft, die hier evoziert wird, wird durch die ein- und auslautende Nennung des kältesten Monats im Jahr unterstrichen. In der folgenden Geschichte, *Les cinq «C» de l'Alsacienne*, wird die Pointe durch die Umdeutung der Abbreviaturen geleistet: Die sympathische Folklore weicht der erschreckenden Brutalität der Balkankriege in den Neunzigerjahren des 20. Jahrhunderts.

Die weiteren Novellen haben dank ihrer Länge einen eher epischen Zuschnitt, doch sind auch hier erzählerische Zuspitzungen auszumachen. Von Paco, dem »vieux rebelle espagnol« in *Le dernier guérillero*, bleibt abschließend nur sein Todesdatum. Aber das steht auf keinem Grabstein, sondern nur in dieser Novelle, die durch den Ich-Erzähler, der im Druckgewerbe tätig ist, einen starken autobiographischen Zuschnitt erhält. So ist die dramatisch versetzte Würdigung eines geduldeten Widerstandskämpfers gewissermaßen als »tombeau«, um bei diesem musikalischen Terminus eine Anleihe zu machen, lesbar.

Les passeurs de liberté spielt in einer intensiv nachempfundenen Welt des 19. Jahrhunderts. So abstrus die Schneckenkommunikation scheinen mag, sie verweist doch auf eine größere und gar nicht absurde Idee: eine freie, weltweite Kommunikation, von der die mutigen Freibeuter in der Erzählung noch träumen mögen. Die Spannung in der sorgfältig recher-

38 »Étoile« hebt den Judenstern auf zu dem Funken des Lebens schlechthin.

chierten nautischen Unterwelt ist geschickt aufgebaut, wird doch erst allmählich klar, für welche Ware sich die Schmuggler einsetzen: »elle vaut davantage que l'or et est beaucoup plus explosive que la poudre« (S. 74). Das Wort der Poesie als Waffe gegen die Gewehre – so erhält diese Hommage an Victor Hugo ihren eigentlichen Sinn: Das dichterische Wort befreit, wenn es auf aufnahmebereite Leser trifft. Insgesamt haben wir es hier mit einer dreifachen *chute* zu tun: Die Schmuggler entkommen den Häschern, die Ware entpuppt sich als Poesie und der – exilierte – Autor betritt zum Abschluss die Szene.

Die Novelle *La première de «Nadine»*, deren Intention schon dargestellt wurde, zeichnet sich vor allem durch autoreferentielle Momente ihres Autors aus, auch das ein »bloc de réalité«. War im 18. Jahrhundert die – unverderbte – Schöpfung als *liber naturalis* lesbar, so erscheint hier die – von Menschenhand erbaute – Stadt als Artefakt, erdacht und erstellt von Autor und Drucker, »un grand livre ouvert, chaque quartier figurant un chapitre, chaque rue numérotée à la manière d'une page, chaque maison évoquant le relief d'une lettre de plomb, entre les doigts du typographe« (S. 87f.). Aus diesem Stadtbuch erwachsen die eigentlichen *histoires*, die neue, andere *Histoire* erschaffen.

Bei *Les boueux de l'espace* haben wir es mit einer Science-Fiction-Version des 11. September 2001 zu tun, ein Beleg dafür, dass in dieser Textsammlung nicht ausschließlich französische Themen behandelt werden. Hier zeigt sich das »unerhörte Ereignis«, um die Goethesche Definition zu bemühen, am Schluss genau an einem Ereignis, das gar nicht stattgefunden hat: »il n'y a jamais eu de troisième avion dirigé par un kamikaze sur le Pentagone« (S. 119).

Ein abschließender Blick auf *Ceinture rouge*, die längste Erzählung der vorliegenden Anthologie, zeigt eine weitere Variante von Daeninckx' Erzähltechnik, nämlich eine Novelle als eine Art Stationenstück aufzubauen, wie es schon die unterschiedlichen Überschriften ausweisen. Vergleichbar der

Erinnerungsarbeit am spanischen *Guérillero* wird von dem jungen Ich-Erzähler das Leben der Großmutter, die er eben beerdigt hat, rekonstruiert: »Peu de souvenirs me reliaient à elle« (S. 125). Erst durch eher geheimnisvolle Zufälle (»trappe mystérieuse«, S. 131), durch Fotos, durch die Zeugnisse der Weggefährten wird die Person der Unbekannten gleichsam zu neuem Leben erweckt. Alle diese Realitätselemente gestalten sich zu einem Mosaik, das eine mutige, großartige Persönlichkeit zeigt und das zugleich ein Spiegel der roten Vorstädte ist, die in ihrem Leiden, aber auch in ihrem Zusammenhalt eine eindrucksvolle Gegenwelt zum nahe gelegenen Paris bilden. Die Pointe wirkt geradezu symbolisch für die Erinnerungsarbeit des Autors: Die wenigen Habseligkeiten der Großmutter gehen nicht zum Altwarenhändler – »On garde tout« (S. 180).

Aus diesen wenigen analytischen Überlegungen soll deutlich werden, dass es Didier Daeninckx nicht nur um das Einklagen historischer Realität geht, sondern dass die Fiktion eigenen, ästhetischen, ja spielerischen Gesetzen folgt, die den Leser immer wieder herausfordern. So fällt auf, dass die Erzählinstanzen niemals Entrüstung, Aufschrei, Protest formulieren. Auch schlimmste Perversionen und Grausamkeiten werden nicht angeprangert, dem Leser wird die Arbeit des Urteils nicht abgenommen.[39] Das zeigt sich noch stärker bei einer Erzählvariante, die dem Leser einen hohen Grad von *suspension of disbelief* abfordert. In *Les boueux de l'espace* geht es um ein Staatsgeheimnis, das den Ich-Erzähler am Ende seines Berichts das Leben kostet: »Tout autour, les index ont blanchi sur les détentes des fusils« (S. 121). Ein vergleichbares Spiel treibt der Autor auch in anderen Texten, bis hin zur gleichen Wortwahl. So endet *La mort en dédicace*: »Je

39 Als der Ich-Erzähler von *Corvée de bois* (2002) nach der Fahrt über eine Mine aufwacht, heißt es lapidar: »Il a fallu qu'une infirmière me découvre, à l'heure de changer le bassin, pour que je m'aperçoive que j'étais cul-de-jatte« (d. h. ›ohne Beine‹). In: *Raconteur d'histoires* (2003), S. 179.

l'aime à en mourir, tandis que son index blanchit en se crispant sur la détente«[40] In *La complainte oubliée* eröffnet folgendes Exordium: »Je ne crois pas que je m'en sortirai. La première balle m'a broyé le genou, trois doigts ont été emportés par celle qui a suivi.«[41] Noch rascher geht es in *Air conditionné* zu, wo der Ich-Erzähler gleich zu Beginn ermordet wird. Diese Form von Erzähltechniken unterläuft jeglichen gedanklichen Abstand, bindet den Leser in eine unmittelbare Zeugenschaft ein. Daeninckx hat sich dazu in einer Unterhaltung so geäußert: »L'écriture, la vie, est lacunaire. Il n'y a que des bribes d'information [...]. Le lecteur sait plus que ce personnage.«[42]

Illustrationen

Wie die eingangs beschriebene Trilogie *Les trois secrets d'Alexandra* liegen viele von Daeninckx Werken in illustrierten Ausgaben vor. Natürlich ist begleitendes Bildmaterial zum narrativen Text kein Novum; jahrhundertelang sind nicht nur Traktate oder Enzyklopädien, sondern auch Romane und Erzählungen mit Bildern angereichert worden. Man denke exemplarisch an die Werke von Jules Verne, die noch in modernen Ausgaben die Originalillustrationen beibehalten, um etwas von der historischen Patina zu bewahren. Dass unser Autor an diese Tradition anknüpft, ist kaum eine Überraschung, war er doch anfänglich selbst Drucker und somit auch mit den alten Editionstechniken und ihrer Wirksamkeit vertraut. So gibt es einige Ausgaben seiner Werke, die im Sinne dieser Tradition illustriert sind, beispielsweise den schon angesprochenen Roman *Les figurants* (1995). Weiterhin finden sich parallele Ausgaben, die neben dem Text reiches Bildmaterial integrieren, so etwa die hier abge-

40 *La mort en dédicace* (2001), S. 91.
41 Erste Novelle in *La mort en dédicace*, S. 7.
42 12. 5. 2005 – Man denke auch an die – heterogenen – Zeitungsnachrichten, die die Untersuchung des Poulpe auslösen.

druckte letzte Erzählung *Ceinture rouge*, wie sie 2001 bei Éden Productions in Paris erschien. Die düsteren, nur teilweise farbigen Skizzen von Éric Gutierrez verleihen der Erzählung in der großformatigen Ausgabe eine Stimmung, die dem Inhalt vortrefflich gerecht wird. In gleicher Weise gibt es zwei Versionen von *Corvée de bois* (2002), neben der Textausgabe eine eigene Ausgabe mit Zeichnungen von Tignous, der die Grausamkeit der geschilderten Ereignisse während des Algerienkrieges wirkungsvoll herausarbeitet. Einige weitere Werke des Autors liegen nur in fester Text-Bild-Verbindung vor, etwa in Form von Comics. Bei *La page cornée* (1993) beispielsweise, gezeichnet von Mako, handelt es sich um eine Begebenheit aus dem spanischen Bürgerkrieg. Eine weitere Bande dessinée, *Bravado* (2004), ebenfalls mit Mako, entführt uns zu den Anfängen in der Neuen Welt. Ein früher Roman, *Le Der des ders* (1984),[43] der die Grausamkeiten des Stellungskrieges schildert[44], ist später als Comic sogar in der Wochenzeitschrift *L'Express* erschienen. Ungewöhnliche Bilder zeigen sich in *Les sorciers de la Bessède* (2003); es ist die Schilderung des höchst beschwerlichen Lebens von Köhlern im Süden Frankreichs. Es gibt davon eine sehr kostengünstige Ausgabe bei *Librio* und ein kunsthistorisches Rarissimum, präsentiert mit Fotos von Marc Gouby. Dieser *conte noir*, ein zeitgenössisches Dokument, erhält durch die düsteren Schwarz-Weiß-Aufnahmen Goubys einen geradezu archaischen Zuschnitt.[45]

43 Eine ironische Anspielung an »la der des ders«, eine eher scherzhafte Bezeichnung des Ersten Weltkriegs; die Handlung des Romans spielt entsprechend in dieser Zeit, und sie endet mit dem Tod des Helden.

44 Daeninckx weist gerne darauf hin, dass einer seiner Großväter in diesem Krieg desertiert ist.

45 In einer persönlichen Widmung schreibt der Autor, es handle sich um »sorciers [...] dont il connaît le refuge«, d. h.: der Leser hat es mit einem authentischen Zeugnis von Zeitgenossen zu tun, die auf diese Weise ihrer Anonymität entrissen werden.

Ausblick: das Œuvre von Didier Daeninckx – eine *écriture noire* mit poetischer Leuchtkraft

»Vingt années d'écritures noires« – darin besteht nach Selbstaussage des Autors sein bisheriges Tun.[46] Zu Recht spricht man bei ihm von *polar noir, série noire, suite noire.*[47] Die Schwärze wird, wie schon dargelegt, in allen Texten eingelöst. Doch weist bei Daeninckx diese *écriture noire* auch helle Züge auf. Da ist zum einen die Intensität der Bilder, der Reichtum und die Tiefe der Sprache, zum anderen die unerschöpfliche Fülle der Anspielungen – die Vokabelangaben machen es deutlich –, vor allem aber der überraschende Zauber der Poesie: Alle Romane und Novellen werden, wie unterschiedlich auch immer, von Zitaten der Dichter und Sänger durchzogen, das ständige Signal einer Gegenwelt, wo Schönheit gegen all den Irrsinn in Politik, Geschichte, Gesellschaft mit jenen unmenschlichen Folgen bestehen kann.[48] Geradezu vergnüglich wie erhellend sind auch die zahlreichen Wortspiele, stellen sie doch immer wieder überraschende Beziehungen her. So wirkt in *Éthique en toc* (2000) die Lautmalerei gleich im Titel entlarvend. Mit *Nazis dans le métro* (1996) stellt sich der Autor in die Tradition des *Oulipo*, des *Ouvroir de Littérature Potentielle*[49], hier mit der Anspielung an Raymond Queneaus *Zazie dans le métro.* Nachdenkliches erzeugt die sprachliche Gestaltung bei *La route du rom* (2003), die gesellschaftlich ausgegrenzte Menschen in den Mittelpunkt stellt, während das Homonym des Titels, die Segelregatta auf der Südhalbkugel *La route du rhum*, gerade in Frankreich ein großes und äußerst beliebtes Sportereignis ist. Ein gewagtes Wort-

46 In einer persönlichen Widmung 2003 zu *Raconteur d'histoires.*

47 Erstes Buch dieser Serie ist Daeninckx' *On achève bien les disc-jockeys* von 2006.

48 Vgl. dazu beispielhaft *Ceinture rouge*, S. 129; 136; 155; 170.

49 Arbeitsgemeinschaft von Literaten und Naturwissenschaftlern, die nach den Gesetzen der Naturwissenschaft kalkulierbare Texte produzieren.

spiel, nicht gerade für Grammatikfetischisten geeignet, ist der Titel des 2003 in der »Série noire« bei Gallimard erschienenen Romans *Je tue il ...*[50]. *Les corps râlent* (2003) – dieses hintergründige Wortspiel baut auf der Homophonie mit »les chorales« auf: Die Chöre, Ort der Harmonie, werden in diesem Roman zum Hort der Pädophilie pervertiert.

Nicht minder amüsant ist der spielerische, damit überraschende Umgang mit Umschreibungen und Bildern; sie werden wohl als Signum der *écriture* Daeninckx' gelten dürfen, eine moderne Spielart der traditionsreichen *préciosité littéraire*. Hier einige Beispiele, die *12, rue Meckert* (2001)[51] entnommen sind. »Ins Auto steigen« übersetzt sich in: »Dès que je me suis bloqué dans l'habitacle de la voiture«[52]; »von der Kabine aus telefonieren« wird zu: »je me suis bloqué dans un de ces cercueils de verre verticaux que France Télécom met à la disposition des rétifs au portable«[53]; der »Regenschirm« veredelt sich beim Unwetter zu einem »petit ciel portatif«[54]. Wer mag mit folgender Umschreibung gemeint sein: »l'usurpateur auvergnat qu'un peuple gavé avait installé à l'Élysée«?[55] Giscard d'Estaing *will not be amused* ...

Das Motto dieser Überlegungen lautete: »Celui qui dit l'histoire contrôle le présent et agit sur l'avenir«. Wenn man sich mit Daeninckx beschäftigt, wird schnell deutlich, dass der grellen *Histoire* im politischen Zentrum Paris die kleinen schwarzleuchtenden *histoires* aus Aubervillers in einer Weise gegenübergestellt werden, die das allgemeine Verständnis der *Histoire* durcheinanderwirft, neu zusammensetzt, ja

50 Die Erzählerin, Viviane, also »je«, verliebt sich in einen Mann, den die Familie nur abschätzig »il« nennt und heiratet ihn. Allmählich steigt sie hinter die Wahrheit des Betrügers und tötet ihn schließlich.

51 Der Name der Straße ist zugleich ein *clin d'œil* an den Krimiautor Jean Meckert.

52 *12, rue Meckert* (2001), S. 89.

53 Ebd., S. 94.

54 Ebd., S. 116.

55 Ebd., S. 131.

schließlich erweitert und komplettiert – durchaus mit Erfolg, wie Didier Daeninckx' umfangreiches Œuvre und seine Rezeption versprechen.

Um sich abschließend von diesen gewiss abstrakten Deutungsansätzen ein konkreteres Bild machen zu können, wurde für das Cover des vorliegenden Bändchens ein recht ungewöhnliches Portrait des Autors gewählt. Diese eher liebenswürdige Karikatur verdanken wir Jacques Tardi; er hat sie für die schon genannte Buchbeilage der *Libération* vom 12. Juni 2003 gezeichnet. Sie zeigt den Schriftsteller von eher anarchischem Zuschnitt bei seiner mühseligen Arbeit: Nur ungenügend beschirmt steht er unerschrocken inmitten von Versatzstücken, die im Chaos versinken, inmitten von Erinnerungsträgern vergessener, abgelegter, zertrümmerter Schicksale und Träume. Sie mit dem Instrument der Feder erneut zu erschaffen, sie in den Kosmos der erzählten Welt zu überführen, bleibt ein hoffnungsvolles wie hoffnungsloses Unterfangen – das »Œil Daeninckx« als neuerlicher Mythos des Sisyphus.

Dietmar Fricke

Inhalt